Hans-Frieder Rabus

Zärtlichkeit und Zorn

Hans-Frieder Rabus

Zärtlichkeit und Zorn

Der Mann Mose

Herder

Freiburg · Basel · Wien

*Für Maria,
die Weggefährtin*

Umschlagmotiv: Ausschnitt aus einer russischen Ikone

Alle Rechte vorbehalten – Printed in Germany
© Verlag Herder Freiburg im Breisgau 1994
Herstellung: Freiburger Graphische Betriebe 1994
ISBN 3-451-23387-8

Inhalt

Vorwort 7

1 Das Kind – ausgesetzt 11
   Exodus / 2 Mose 2, 1–10

2 Der Mann – gerechtigkeitsbesessen 18
   Exodus / 2 Mose 2, 11–22

3 Der Schritt darüber hinaus 25
   Exodus / 2 Mose 3, 1–14; 4, 1–5.10–17

4 Zurück zum Anfang 34
   Exodus / 2 Mose 4, 18–31

5 Der Anwalt 41
   Exodus / 2 Mose 5, 1–6, 1

6 Zeichen und Zorn 48
   Exodus / 2 Mose 7, 1–13

7 Leben als Verschonte 53
   Exodus / 2 Mose 11, 4–10; 12, 1–14.29–38

8 Furcht und Zittern 61
   Exodus / 2 Mose 13, 17–14, 31

9	Lebenskampf	71
	Exodus / 2 Mose 17, 8–13	
10	Wer ist der Wichtigste?	76
	Exodus / 2 Mose 18, 13–27	
11	Auf der Höhe	81
	Exodus / 2 Mose 19, 1–17	
12	In der Klemme	88
	Exodus / 2 Mose 33, 11–23	
13	Ausgebrannt – neu begeistert?	95
	Numeri / 4 Mose 11, 1–30	
14	Der Demütige	106
	Numeri / 4 Mose 12, 1–16	
15	Durststrecke	113
	Numeri / 4 Mose 20, 1–13.22–29	
16	Bissige Liebe	120
	Numeri / 4 Mose 21, 4–9	
17	Das Zeitliche segnen	126
	Deuteronomium / 5 Mose 33, 1–29	
18	Unvollendet leben	136
	Deuteronomium / 5 Mose 34, 1–12	

Vorwort

Daß unser Leben durchsichtig werde auf die Wahrheit der Bibel hin, ist der Wunsch vieler suchender Menschen. Man sucht Gott zu begegnen, und man sucht so etwas wie die Kontinuität oder Gesamtgestalt des eigenen Lebenslaufes. Wie gehen Glaube und die unser Leben formenden und belastenden Aufgaben und Kräfte zusammen?

Mit Weggefährt(inn)en im diakonischen Dienst habe ich einen biblischen Fortbildungskurs entwikkelt, der unsere heutigen beruflichen und persönlichen Erfahrungen im Lebens-Lauf einer Gestalt aus der Bibel spiegelt, deutet oder auch in Frage stellt. Wir haben gemeinsam versucht, eine Reihe von Mosegeschichten in ihrem „biographischen" Zusammenhang, und damit auch als Reifungs- und Identitätsgeschichte eines Mannes zu lesen. Dies war gerade auch für Frauen ein spannender Prozeß.

In Mose fanden wir einen Menschen, dessen Geschichte mit Bewahrung und Bewährung, mit Angst und Mut, mit Führungskraft und Führungsschwäche, mit Zärtlichkeit und Zorn – also mit der Fülle eines Menschenlebens zu tun hat. Auch deswegen bot sich

Mose als „seelisches Gegenüber" an, weil ihm die Aufgabe übertragen war, Menschen im weitesten Sinne mit Wissen und Herz zu begleiten, ihnen zu größerer Freiheit zu verhelfen und ihnen zu ermöglichen, daß sie trotz langer Wege und Umwege heil ankommen am Ziel.

In diesem Buch sind aus der Fülle dessen, was in der Bibel von Mose erzählt wird, achtzehn Lebensstationen ausgewählt, so daß sie die Entfaltung und auch die Gefährdungen des Lebens nachzeichnen, nachmeditieren. Bewußt wurde Mose als Gesetzgeber nicht ausführlich betrachtet. Die Auslegung der Zehn Gebote im Horizont des menschlichen Lebenslaufs wäre lohnend, aber einfach zu umfangreich.

Bei den biblischen Meditationen erwies sich eine Art „zweite Naivität" als sehr fruchtbar. Die kritische Bibelwissenschaft sieht mit dem Recht des Geschichtsforschers, der genau wissen will, wann was geschah, die Gestalt des Mose übermalt von unzähligen Traditionen aus verschiedenen Epochen der Geschichte Israels. Manche Theologen halten es für aussichtslos, einen in sich stimmigen Lebenslauf des Mose aus den vielen Überlieferungen herauskristallisieren zu wollen. Ungeachtet dessen habe ich versucht, im Namen und mit dem Recht von Menschen, die in der Bibel Hilfen zum Verstehen und Ausformen ihres eigenen Lebenslaufs suchen, Mose so zu begegnen, als trete er mit seinen Gottes- und Lebenserfahrungen ins Gespräch mit uns. Welche Hilfe dabei ein psychologisch geschultes und für seelische Zusammenhänge offenes Hinhören bedeuten kann, wird aus den Texten deutlich. Ebenso deutlich wird dabei, wo alle Psychologie naturgemäß an ihr Ende kommt, weil sich der Eine aus dem Dornbusch in seiner Transzendenz jedem vereinnahmenden Griff der Kategorien rein psychischer Erfahrung entzieht.

Die Meditationen sind als „biblische Verdichtung" entstanden, in denen unsere Kursgespräche gebündelt wurden. Die vielen Fragen sind nicht alle rhetorisch gemeint, sondern als Impulse für intensives persönliches Nachdenken oder für weiterführende Gespräche. Die Bibeltexte sind der Einheitsübersetzung entnommen. Wenn sich die poetischer klingende Luther-Übersetzung anbot, habe ich diese verwendet.

Danken möchte ich den Schwestern und Brüdern von der Evangelischen Diakonissenanstalt Stuttgart, die unsere Kursgespräche mit ihrem eigenen Leben füllten und die Begegnung mit Mose zu einem lebendigen Dialog werden ließen. Besonderen Dank haben Schwester Liselotte Wörtwein und Frau Dorothee Bauer verdient für ihre grundlegende Hilfe bei den Schreibarbeiten.

Stuttgart, Ostern 1994　　　　　　*Hans-Frieder Rabus*

1

Das Kind – ausgesetzt

Exodus / 2 Mose 2, 1–10

Ein Mann aus einer levitischen Familie ging hin und nahm eine Frau aus dem gleichen Stamm. Sie wurde schwanger und gebar einen Sohn. Weil sie sah, daß es ein schönes Kind war, verbarg sie es drei Monate lang. Als sie es nicht mehr verborgen halten konnte, nahm sie ein Binsenkästchen, dichtete es mit Pech und Teer ab, legte den Knaben hinein und setzte ihn am Nilufer im Schilf aus. Seine Schwester blieb in der Nähe stehen, um zu sehen, was mit ihm geschehen würde.

Die Tochter des Pharao kam herab, um im Nil zu baden. Ihre Dienerinnen gingen unterdessen am Nilufer auf und ab. Auf einmal sah sie im Schilf das Kästchen und ließ es durch ihre Magd holen. Als sie es öffnete und hineinsah, lag ein weinendes Kind darin. Sie bekam Mitleid mit ihm, und sagte: Das ist ein Hebräerkind. Da sagte seine Schwester zur Tochter des Pharao: Soll ich zu den Hebräerinnen gehen und dir eine Amme rufen, damit sie dir das Kind stillt? Die Tochter des Pharao antwortete ihr: Ja, geh! Das Mädchen ging und rief die Mutter des Knaben herbei. Die Tochter des Pharao sagte zu ihr: Nimm das Kind mit, und still es mir! Ich werde dich dafür entlohnen. Die Frau nahm das Kind zu sich und stillte es.

Als der Knabe größer geworden war, brachte sie ihn der Tochter des Pharao. Diese nahm ihn als Sohn an, nannte ihn Mose und sagte: Ich habe ihn aus dem Wasser gezogen.

Was kommt alles zur Welt, indem ein Kind zur Welt kommt? Neues Leben, von einer unbändigen Lebenskraft, neue Chancen, die Chance auch, daß ein Mensch bei Null beginnt, noch keine Fehler, noch keine Schuld. Das Wunder des Lebens kommt zur Welt, und mit ihm wird gewissermaßen Zukunft gegenwärtig mitten unter uns – in einem Kind.

Und doch: Nicht alles beginnt neu und unbelastet. Wir wissen viel darüber, was ein Kind schon im Mutterleib prägen, fördern oder belasten kann. Ist es ein erwünschtes Kind, sehnlichst erwartet gar? Hat es das erste Erschrecken seiner Mutter zeitlebens im Leib – ungewollt schwanger? Darf es ein Friedenskind sein, ist es ein Kriegskind, ein Kind geboren auf der Flucht? Vor allem Anfang ist jeder Mensch mit hineingenommen „auf die Erde voller kaltem Wind" (Bert Brecht).

Mose ist kein Friedenskind. Auch kein Kriegskind im äußeren Sinn. Als Mose zur Welt kommt, herrscht so etwas wie Arbeitskrieg. Ein System der Zwangsarbeit knechtet seine Eltern, sein Volk. Schon zu Beginn, Israel ist eben erst zum Volk herangewachsen, schon wird mit ihm verknüpft jenes elende „Arbeit macht frei". Und das wiederholt sich und steigert sich durch die Geschichte bis in unser Jahrhundert, jener elende Ur-Schatten über Israel. Ägyptische Aufseher setzte man über sie, hetzte Bruder gegen Bruder durch ein System israelischer Unteraufseher. Warum nur? – Aus Angst! Dem Fremdenhaß liegt immer Angst zugrunde. Noch tiefer sogar so etwas wie Selbsthaß. Lieber schädigt man sich selber durch die Fremdenschikanen, lieber mindert man dadurch die wirtschaftliche Produktivität, die allen zugute käme. Aber es hilft nichts: Ägypten muß mit Israel leben. Ein Volk muß mit Fremden leben können, sonst ...

Nein, von einem „Sonst" will man nichts wissen! Der Tötungsbeschluß fällt. Der erste von vielen. Listig getarnt, kein Aufsehen will man erregen, eher stille „Euthanasie". Die Frauen setzt man unter Druck (Exodus 1, 15–22), auch dies ein Urmotiv. Wird eine Frau im kommenden Zeitalter der eugenischen Beratung ein in irgendeiner Weise „gemindertes" Leben austragen und zur Welt bringen dürfen? Wird sie es wollen, – wenn der öffentliche Druck nur noch Wohlgeratenes billigen wird?

Die Hebammen, Helferinnen zum Leben: Was hätten sie sagen können zu ihrer Rechtfertigung, wenn sie dem Druck gegen das unerwünschte Leben nachgegeben hätten? Auf Befehlsnotstand sich berufen, das wäre Männerart, Eichmanns-Art, Mauerschützen-Art. Befehlsnotstand hat seine eigene radikale Logik und Gewalt in den Seelen, bis heute. Die Hebammen bleiben Liebhaberinnen des Lebens. Sie finden Wege, dem Tötungsdruck auszuweichen. „Gott mehr gehorchen als den Menschen", so wird das später genannt werden (Apostelgeschichte 5, 29).

Die nächste Stufe also in der Spirale von Fremdenangst und Gewalt: der offenkundige Völkermord (Exodus 1,22). Die neugeborenen Buben in den Nil werfen. Später werden es Zwangssterilisationen sein, Vertreibungen, Vergasungen. Mittel zum Völkermord an Israel. An Armeniern. An Kurden. An Bosniern.

„In diese Welt wollen wir keine Kinder setzen. Wir können es nicht verantworten", so habe ich es manchmal selten von jungen Brautpaaren beim Traugespräch gehört. Aber „ein Mann aus einer levitischen Familie ging hin und nahm eine Frau aus dem gleichen Stamm" (Exodus 2,1). Was ist auch das? In einer solchen Welt „hingehen" und mit betonter Ausdrücklichkeit sich verbinden als Mann und Frau, – und das heißt in der alten Welt immer: sich verbinden zu neuem Leben. Ist das eine bewußte Gegen-Tat, Trotz und Lebenswille, ist es Vertrauen gegen alle Erfahrung?

Das sind die Umstände, unter denen Mose gezeugt und empfangen wird. Prägt die Haltung seiner Eltern das Kind bereits im Mutterleib und schreibt im voraus an seiner „Geburts-Legende"? In eine derart heillose und lebensbedrohliche Welt wird es hineingeboren, hineingeworfen, ausgesetzt. Was kann aus einem so geprägten Kind auch werden? Mose hat keine Chance. So wenig Chancen wie die ausgesetzten Kinder in Sao Paulo, die sich zu Räuberbanden zusammentun, um zu überleben. So wenig Chancen wie die Mädchen in Bangkok, die sich mißbrauchen lassen von gierig einfliegenden Touristen aus unserem „Herrenland", nur um zu überleben. Man muß irgendwie überleben, mit aller Gewalt, nein, in und unter aller Gewalt. Leben heißt: ausgesetzt sein. Mose, noch nicht geboren, ist schon umstellt von der Welt der Gewalt, von der Männerwelt.

Doch jetzt erleben wir nur noch Frauen in dieser Geburts- und Überlebensgeschichte. Wohl nicht ohne Grund. Frauen tun das Lebensfördernde, ohne zu fragen nach Befehl und Befehlsnotstand. Frauen handeln an dem Kind mit der Phantasie und der fraglosen Selbstverständlichkeit der Liebe. Sehen, daß es ein „schönes" Kind war (Exodus 2,2). Jedes Kind ist schön, ist Leben.

Die *Mutter* versteckt ihr Kind, drei Monate, so wird erzählt. Drei Monate, und das Kind wird lebhafter, wird noch liebreizender durch sein in diesem „Alter" voll erblühtes Säuglingslächeln. Früh muß diese Mutter jene Bewegung vollziehen, die gegen allen Mutterinstinkt geht: muß das Kind hergeben, um es zu behalten. Darf nicht klammern, kämpfen oder sich aufopfern, – das Kind würde es nicht überleben. Eine Weisheit, die bis heute zu denken gibt: nur durch Loslassen und Hergeben einen Menschen am Leben halten können. Ist es die Urbewegung der Taufe, hier heimlich vorabgebildet: nicht an sich klammern, was zu einem gehört? Vielmehr hergeben das Kind, in die Arme des Paten und Gottes, damit Leben *geschenkt* werde und nicht untergehe, weil ich's festhalten muß. Sie schafft einen Raum des Überlebens, diese Mutter, schafft eine Arche, einen Uterus. Gibt ihr Kind mit dem Mut der Verzweiflung zurück, zum Wasser, dem Lebensspendenden, zum Zufall, – zu Gott?

Die *Schwester* gehört zu diesen Frauen gezählt, hier noch ohne Namen, die mutige Mirjam. Ist es kindliche Keckheit, daß sie nicht davonläuft, sondern beobachtet? Spürt dieses Mädchen schon das stille Einverständnis des Erbarmens unter Frauen und ist genau in dem Augenblick gegenwärtig, als das Kind die Finderin rührt? Bauernschläue oder Geistesgegenwart, durchaus Gegenwart heiligen Geistes, wenn es um den Erhalt des Lebens geht. Dazu die List der Liebe, wo die halbe Wahrheit genügt: Eine Amme weiß sie für das Findelkind, wie von ungefähr.

Die *Prinzessin* schließlich als Dritte im Bunde der Verschwörung fürs Leben. Neugier spielt ihr das Kind in die Arme, doch es bleibt nicht bei Neugier. Das Kind weint, und da „bekam sie Mitleid mit ihm" (Exodus 2,6). In der hebräischen Ursprache steht hier derselbe Wortstamm wie für „Mutterschoß". Das weinende Kind lockt die mütterliche Bergekraft dieser Frau nach außen; Lebendiges gehört einfach geborgen, hier ist nicht Hebräer noch Ägypter, hier ist das ungenannte Einverständnis von Frau zu Frau, über Feindesgrenzen hinweg die Bewegung des Erbarmens. Und Erbarmen wird die ganze Bibel durchziehen, wird die mütterliche Urbewegung Gottes sein, den es immer neu jammert um seine erbärmliche Menschheit. Erbarmen ist damit der Ur-Auftrag Gottes an sein Volk, Erbarmen gegenüber dem Fremden, dem Schwachen. Denn es verdankt sich selbst dem Erbarmen Gottes. Ur-Auftrag, Urbewegung der Diakonie.

Die Mutter bekommt den Auftrag, dem Kind Amme zu sein. Gegen Bezahlung sogar. Ein barmherziger Samariter wird auch bezahlen, was dem geschlagenen Menschen zum Leben dient. Barmherzigkeit hatte schon immer ihren Preis, denn Leben versteht und erhält sich nicht von selbst. Leben ist „teuer erkauft" (1 Korinther 6, 20), in jedem Fall. Das Kind also bleibt am Leben, obwohl und weil es ausgesetzt ist. Wird adoptiert, als Prinzenkind erzogen und bekommt den ägyptischen Namen „Mose". Dieser Name ist auch Bestandteil von manchen Pharaonennamen wie etwa „Ra-mses" und bedeutet: „der (von einem Gott) Geborene". Für hebräische Ohren hingegen reimt sich der Name „Mose" auf „ziehen", aus dem Wasser gezogen zunächst. Daß er durch Wüsten gezogen werden soll, dieser Mensch, ist noch ferne.

Mit einem Weinen hat es begonnen. Mit dem Weinen eines Kindes beginnt der Auszug in die Freiheit. Bloß ein Kinderweinen, wie Tausende weinen, damals, heute... Aber – Gott hört auf das Weinen. Und handelt durch Menschen, die sich erbarmen – wie er.

2

Der Mann – gerechtigkeitsbesessen

Exodus / 2 Mose 2, 11–22

Die Jahre vergingen, und Mose wuchs heran. Eines Tages ging er zu seinen Brüdern hinaus und schaute ihnen bei der Fronarbeit zu. Da sah er, wie ein Ägypter einen Hebräer schlug, einen seiner Stammesbrüder. Mose sah sich nach allen Seiten um, und als er sah, daß sonst niemand da war, erschlug er den Ägypter und verscharrte ihn im Sand.

Als er am nächsten Tag wieder hinausging, sah er zwei Hebräer miteinander streiten. Er sagte zu dem, der im Unrecht war: Warum schlägst du deinen Stammesgenossen? Der Mann erwiderte: Wer hat dich zum Aufseher und Schiedsrichter über uns bestellt? Meinst du, du könntest mich umbringen, wie du den Ägypter umgebracht hast? Da bekam Mose Angst und sagte: Die Sache ist also bekannt geworden. Der Pharao hörte von diesem Vorfall und wollte Mose töten; Mose aber entkam ihm. Er wollte in Midian bleiben und setzte sich an einen Brunnen.

Der Priester von Midian hatte sieben Töchter. Sie kamen zum Wasserschöpfen und wollten die Tröge füllen, um die Schafe und Ziegen ihres Vaters zu tränken. Doch die Hirten kamen und wollten sie verdrängen.

Da stand Mose auf, kam ihnen zu Hilfe und tränkte ihre Schafe und Ziegen. Als sie zu ihrem Vater Reguel zurückkehrten, fragte er: Warum seid ihr heute so schnell wieder da? Sie erzählten: Ein Ägypter hat uns gegen die Hirten verteidigt; er hat uns sogar Wasser geschöpft und das Vieh getränkt. Da fragte Reguel seine Töchter: Wo ist er? Warum habt ihr ihn dort gelassen? Holt ihn, und ladet ihn zum Essen ein! Mose entschloß sich, bei dem Mann zu bleiben, und dieser gab seine Tochter Zippora Mose zur Frau. Als sie einen Sohn gebar, nannte er ihn Gerschom (Ödgast) und sagte: Gast bin ich in fremdem Land.

Das Kind wächst heran. Indem Mose ein Mann wird, begegnet er seinem inneren Thema: Um Gerechtigkeit wird es ihm nun gehen sein Leben lang.

Nur, wie lernt ein Mensch, Gerechtigkeit zu schaffen? Fundament ist sicher dies: Jedes Kind ist angewiesen darauf, daß man ihm gerecht wird, seinen Bedürfnissen, seinen Begabungen und Grenzen auch. Ein passives Widerfahrnis, wie das Thema Gerechtigkeit hereinkommt ins Menschenleben. Eigentlich die Erfahrung des Erbarmens. Mose verdankt ihr sein Überleben. Bald schon ist das Vergleichen da: Kinder messen sich aneinander, vergleichen auch, ob jedes gleichviel bekommt, und sind oft neidisch und kleinlich bis aufs letzte Gramm. Neid ist durchaus eine Vorstufe des Sinnes für Gerechtigkeit. Später sind es dann Gruppen mit ihrem Zusammenhalt nach innen und Kampf und Rivalität nach außen: Wir die Guten – die anderen die Schlechten. Die Ritterstufe des Gerechtigkeitsempfindens ist erreicht, die Cowboy-Faszination. Gerechtigkeit schafft man so, indem man die Bösen bekämpft. Das Thema Aggression ist es, das so fasziniert, und es darf ausprobiert und ausgelebt werden im Kampf für das Gute. Viel später erst geht einem Menschen auf, wie durchmischt unser Leben ist, gutböse, schuldlos schuldig, gutgemeint als Gegenteil von gut. Nicht alle entdecken das für sich selbst, was doch jedes Menschenleben zeichnet: das Böse – in mir selbst, verwoben sogar in meinem guten Willen.

Mose hat es noch nicht entdeckt. Er ist noch verschlossen für den weiten Horizont der „besseren Gerechtigkeit", die wie die Sonne scheint über Böse und Gute (Matthäus 5,20 und 45).

Sehen wir Mose, den jungen Mann, wie er geht, – aber warum nicht bei Hofe? Zu seinen Brüdern geht er, wird erzählt. Wer bin ich? – dieser Frage geht er nach. Ich bin der, zu denen ich gehöre, bin nicht Ägypter, bin Hebräer, also einer von den „Habiru", – so jener altorientalische Fachausdruck, der mit „Gastarbeiter" viel zu freundlich übersetzt wäre, und der als Name hängenbleiben wird am Volk der so genannten „Hebräer". Der Prinz sucht seine wahre Identität. Er findet sie wie jeder Mensch durch Menschen, zu denen er gehört, und durch das, was er tut.

Offene Augen hat Mose, auch für das, was ein Prinzensohn gar nicht wahrzunehmen bräuchte. Sieht, daß da Menschen schuften und ausgebeutet werden. Sieht, daß der Antreiber einen seiner Brüder schlägt, – und das ist, als ob die Schläge Mose selbst träfen. Auffahrend ist der junge Mann in seinem Leiden an Ungerechtigkeit, und doch „umsichtig" (Exodus 2, 12): Er vermag sich noch umzuschauen, bevor er den Ägypter erschlägt. Vom Gewissen muß hier nicht die Rede sein, wenn es doch gegen das Böse geht, zum Schutze des Guten.

Das nächste, was ein erwachendes Menschenherz zu „sehen" bekommt, wartet schon: Die Bösen sind ja nicht nur bei den Feinden! Selbst die Brüder streiten und schlagen sich. Wieder stolpert Mose über sein Lebensthema und stellt denjenigen von beiden zur Rede, der im Unrecht ist. Doch nicht jeder läßt sich einen unerbetenen Schiedsrichter gefallen, – und plötzlich muß Mose vor seiner eigenen Tür kehren. Der ungerechte Bruder zeigt ihm, daß er sich selbst bisher nicht gesehen hat. Auf der Gewissensstufe des Jungmannes und Kriegers rechtfertigt die gute Sache offenbar selbst Mord und Totschlag. Mose hat noch kein „weises Herz" (1 Könige 3, 12), das auch sich selbst in seinen Abgründen kennt. Wie sollte er auch? Mose ist daran, erwachsen und erfahren zu werden durch das, was er tut und erleidet. Die Lebensfahrt hat erst begonnen, – freilich auf einmal sehr überstürzt.

Schlagkräftiger Mut und Angst oder gar Feigheit liegen eng beieinander beim Hofmann Mose. Er flieht. Nur heraus aus den unlösbar verstrickten Lebenswegen!

Wohin bricht ein Mensch auf, der zum Mann oder zur Frau heranreift, – und das, indem er selber schuldig wird? In die Wüste, ins Nachbarland, Mose nach Midian. Wie im Zeitraffer sehen wir ihn während seiner Lehr- und Wanderjahre. „Fremd bin ich eingezogen, fremd zieh ich wieder aus", – ist es ein Wunder, daß man nach dieser Melodie prompt „am Brunnen vor dem Tore" landet (Exodus 2, 15)? Oder ist es womöglich ein „unergründter Brunnen" (Paul Gerhardt), an dem Menschen der Bibel ja immer wieder ankommen auf ihren Lebensreisen? Wie wenn es Menschen nicht nur zur Quelle des äußeren Überlebens zöge, – sondern zur Tiefe. Zum Unergründlichen, Unbewußten zieht einen das Leben, zieht das Männliche zum Weiblichen, und aus erstarrten Verhältnissen zieht es zum Fließenden. Der Brunnen – Symbol für Lebenskrise und für ihre Überwindung durch unerwartet Neues.

Das Neue im Leben des Mose sind Frauen, gleich sieben auf einmal, Pfarrerstöchter sozusagen. Das „schwache Geschlecht" wird freilich weggedrückt in der Männerwelt, Wüstenwelt. Wer zuerst kommt, mahlt eben nicht immer zuerst. Sondern im Leben siegt oft Frechheit oder Gewalt, – und da ist es ja wieder, das Thema! Das Lebensthema Gerechtigkeit, vor dem Mose doch davongelaufen war als Gescheiterter. Das Ureigen-Unausweichliche seines Lebens ist wieder da und holt Mose ein mitten im Niemandsland, der Wüste.

Ein Mensch kann nicht zum „Niemand" werden, ohne Spuren seiner Taten oder auch Untaten. Neuanfänge gelingen nur *mit* und nicht *gegen* unsere Lebensthemen.

In der Tat bewegt sich etwas. Mose wehrt nicht mehr mit Gewalt dem Unrecht, allein gegen alle als Ritter ohne Furcht und Tadel. Zum „Kavalier" hat sich der „Cowboy" gemausert, hilft jetzt stillschweigend zum Guten, schöpft Wasser, tränkt die Schafe. Weit weg ist jetzt die grundsätzliche Lösung, die Gerechtigkeit schaffen will durch Ausrottung oder zumindest zugreifende Bändigung der Ungerechten. Mose tut, was eben jetzt gerade dran ist im Fluß des Lebens. Er läßt ab von der Gerechtigkeit als Prinzip und nimmt die momentane Situation ernst, die Geistesgegenwart fordert und Augenmaß für das Mögliche.

Wer jedoch die allfällige Romanze erwartet hat, wird enttäuscht. Die Mädchen lassen den Unbekannten sitzen. Der Kavalier dient ohne zarten Lohn. Der Vater hingegen bekommt Interesse. Ist es höfliche Gastfreundschaft in der Wüste, ist es eine Geste des Dankes, – oder erkennt hier ein Geist den andern und spinnt sich der unsichtbare Faden von Mann zu Mann? Warum willst du draußenstehen?

Es braucht durchaus so etwas wie Geist, daß ein Mensch den anderen im rechten Augenblick hereinbittet in seinen Lebenslauf, als Freund, Wegbegleiter, Lebenslehrer oder -schüler. Mose findet einen geistigen Vater, oder der findet ihn.

Jetzt darf Mose bleiben und den unsteten, flüchtigen Teil seines Wesens zur Ruhe bringen. „Gesetzter" wird der junge Mann – wird Ehemann, Vater. Die Zeit der Krisen ist überwunden. Das Leben als Fluchtbewegung – oder Suchbewegung? – liegt hinter ihm. Mose scheint am Ziel. Was braucht ein Mensch noch, der erfolgreich die Hochebene erreicht, die wir etwas formal „Lebensmitte" nennen ...? Mose, ehrbar geworden und ein ernst zu nehmender Mann, – jetzt scheint sich abgeklärt zu haben, wer er ist: ein Mensch am Ziel. Was aber wird er tun, wenn Gott ihm neue Ziele zeigt?

3

Der Schritt darüber hinaus
Exodus / 2 Mose 3,1–14; 4,1–5.10–17

Mose weidete die Schafe und Ziegen seines Schwiegervaters Jitro, des Priesters von Midian. Eines Tages trieb er das Vieh über die Steppe hinaus und kam zum Gottesberg Horeb.

Dort erschien ihm der Engel des Herrn in einer Flamme, die aus einem Dornbusch emporschlug. Er schaute hin: Da brannte der Dornbusch und verbrannte doch nicht. Mose sagte: Ich will dorthin gehen und mir diese außergewöhnliche Erscheinung ansehen. Warum verbrennt denn der Dornbusch nicht?

Als der Herr sah, daß Mose näher kam, um sich das anzusehen, rief Gott ihm aus dem Dornbusch zu: Mose, Mose! Er antwortete: Hier bin ich. Der Herr sagte: Komm nicht näher heran! Leg deine Schuhe ab; denn der Ort, wo du stehst, ist heiliger Boden (Exodus 3,1–5).

Mose treibt die Schafe. Er treibt sie über die Steppe hinaus. Aber was treibt ihn zu diesem Schritt? Mose ist doch angekommen im Leben. Er ist Ehemann, Vater, hat seinen Beruf. Was treibt einen Menschen weiter? Was führt ihn zum Schritt heraus aus seiner gewohnten Lebensweise? Diese Ur-Unzufriedenheit, dieses Suchen, Suchen nach Sinn, dieses Ändern der Lebenspläne, sobald man angekommen ist, – eine rastlose Unruhe treibt Menschen um. Das Leben soll mehr sein als nur Leben-wie-alle. Das Leben selbst treibt Mose zum Schritt darüber hinaus. Zur Begegnung mit dem „Jenseits"?

Es wird ihm heiß, diesem Hirten, in der Tat, – wie es einem Menschen heiß werden kann aus Schuld oder Scham, im heißen Eifer für das Gute und in der Liebe. Eine Energie wartet auf Mose, die keinen Energieträger braucht und verzehrt. Der Dornbusch brennt und verbrennt nicht.

Aber es bleibt kein Mirakel auf Abstand. Seinen Namen hört Mose und hört ihn mit den gleichen Ohren, wie ein jeder Mensch, der seine ureigene Namensgeschichte hat, – und die wird mit dem Sich-gerufen-Wissen unversehens brennend, faszinierend lebendig.

Habe ich ihn gern, meinen Namen? Hätte ich lieber einen anderen Namen gehabt, weil ich ihn wie ein unwillkommenes Erkennungszeichen oder eine Ausgrenzung erlebe? Bedeutet mein Name etwas? Verpflichtet er mich zu etwas? Mose wird namhaft gemacht: *Du* bist gemeint! Da redet nicht ein verschwimmender Nebelgott und bietet willkommenes Eintauchen ins kosmische Ganze an. Ein Name – eine Lebensgeschichte, klar und unverschwommen, mit Licht und Schatten.

„Hier bin ich", antwortet Mose. Aber er übernimmt sich mit dieser Antwort, ist noch nicht ganz gegenwärtig. Die Schuhe müssen runter. Und das bedeutet nicht nur Ehrfurcht vor dem Heiligen, sondern auch Erdung, Bodenhaftung. Mose, der Träume hegt von Gerechtigkeit und das Ideal mit Gewalt verwirklichen wollte, soll zu einer neuen Bodenhaftung geführt werden. Die ist freilich kein abgeklärter oder resignierter Realismus. Vielmehr wird Mose bleibend auf Abstand gehalten zum Dornbusch. Ein spannungsloser Wirklichkeitssinn, der am Ende alles schon zu kennen meint, bleibt ihm verwehrt. Denn – nur, wer ums bleibende Geheimnis weiß, lernt der Wirklichkeit ganz zu begegnen.

Dann fuhr er fort: Ich bin der Gott deines Vaters, der Gott Abrahams, der Gott Isaaks und der Gott Jakobs. Da verhüllte Mose sein Gesicht; denn er fürchtete sich, Gott anzuschauen. Der Herr sprach: Ich habe das Elend meines Volkes in Ägypten gesehen, und ihre laute Klage über ihre Antreiber habe ich gehört. Ich kenne ihr Leid. Ich bin herabgestiegen, um sie der Hand der Ägypter zu entreißen und aus jenem Land hinaufzuführen in ein schönes, weites Land, in ein Land, in dem Milch und Honig fließen, in das Gebiet der Kanaaniter, Hetiter, Amoriter, Perisiter, Hiwiter und Jebusiter. Jetzt ist die laute Klage der Israeliten zu mir gedrungen, und ich habe auch gesehen, wie die Ägypter sie unterdrücken. Und jetzt geh! Ich sende dich zum Pharao. Führe mein Volk, die Israeliten, aus Ägypten heraus (Exodus 3, 6–10).

Der Gott seiner Väter spricht mit Mose. Niemand fängt in seiner Gottesbeziehung bei Null an. Niemand ist ohne Erbe, und jeder ist von Gott bereits über Generationen gekannt, berufen, – gar erwählt?

Wie haben eigentlich meine Eltern geglaubt oder von ihrem Glauben geschwiegen? Was habe ich – wenn ich's überdenke – geerbt von ihnen an Lebenseinstellung? Und wo bin ich weiter gegangen als sie, gar entgegengesetzte Wege? Habe ich Gott, Göttliches im Erbe – oder Gottesentfremdung, Gottesleid, Gottesvergiftung?

Jener „Gott der Väter" des Mose hört. Er hört das schreiende Elend der Bedrückten in Ägypten, hört das Schreien aus den Gewaltverhältnissen, den Elendsghettos, den subtilen und den unüberhörbaren Folter- und Massakerszenarien unserer Tage.

„Und jetzt geh!" So wird Gottes Hören zum Wort, zum Willen, zum Befehl. Jetzt, jetzt tritt die Lebensaufgabe für Mose zutage. Jetzt bekommt jenes Unbegreifliche Konturen, das ihn zum Schritt-darüber-hinaus getrieben hatte: Es gibt eine Aufgabe für ihn.

Für jeden Menschen gibt es eine Aufgabe, eine wichtige Zeit der Entscheidung und Bewährung, manchmal auch nur einen wie nichts anderes entscheidenden Augenblick im Leben, – und für den bin ich auf der Welt. Das viele Banale, das ich tue oder lasse, erscheint mit einem Male als Vorbereitung und Hintergrund, wenn sich die Lebensaufgabe zeigt. Diese Aufgabe wird immer gegeben, nicht selbst gewählt. Sie kommt auf mich zu. Unsere Sprache bewahrt noch einen Sinn dafür, wenn sich jemand beispielsweise bei seiner Berufswahl fragt: „Was *soll* ich werden?" statt: „Was *will* ich werden?"

„Ich sende dich ... Führe mein Volk ...", das hört Mose als seine Lebensaufgabe. Werde Anführer zur Freiheit.

Mose antwortete Gott: Wer bin ich, daß ich zum Pharao gehen und die Israeliten aus Ägypten herausführen könnte? Gott aber sagte: Ich bin mit dir; ich habe dich gesandt, und als Zeichen dafür soll dir dienen: Wenn du das Volk aus Ägypten herausgeführt hast, werdet ihr Gott an diesem Berg verehren.

Da sagte Mose zu Gott: Gut, ich werde also zu den Israeliten kommen und ihnen sagen: Der Gott eurer Väter hat mich zu euch gesandt. Da werden sie mich fragen: Wie heißt er? Was soll ich ihnen darauf sagen?

Da antwortete Gott dem Mose: Ich bin der „Ich-bin-da". Und er fuhr fort: So sollst du zu den Israeliten sagen: Der „Ich-bin-da" hat mich zu euch gesandt (Exodus 3,11–14).

„Wer bin ich?" fragt Mose zurück. Aber das ist keine ganz echte Demut. Das ist jenes kindliche „Ich bin klein, ich kann nichts, ich habe Angst".

Jede Lebens-Aufgabe hat mit Angst und ihrer Überwindung zu tun. Mancher überwindet seine Angst, indem er einfach drauflosgeht. Aber mache ich auf diese Weise ernst mit dem, was ich als meine unabweisbare Aufgabe erkannt habe? Mancher bleibt hängen im Selbstzweifel, braucht Sicherheiten, bevor er den ersten Schritt wagt, braucht so etwas wie einen Glauben, der jeden Zweifel ausräumt. Man will sich an etwas festhalten können, will Gott „auf der Hand haben". Wer bist du, wie ist dein Name, Gott? Was gibst du mir auf die Hand?

Gott spielt dem Mose nicht mit. Er bleibt „unbegreiflich", offenbart sich und verbirgt sich zugleich. Mose hört den Namen „JHWH", eine Art Sprachspiel im Hebräischen, – mit „Jahwe" ungebührlicherweise als Name aussprechbar gemacht, und dieser heilige Name gibt sich, indem er sich entzieht. „Ich bin der Ich-bin-da", das bedeutet: Mit mir müßt ihr rechnen, aber mit mir dürft ihr auch rechnen. Gott tritt ein in den Erfahrungsraum des Mose und bleibt doch jenseits jeder Erfahrbarkeit. Und am Ende hat nicht Mose Gott gefunden oder ein Bild von ihm, sondern Gott hat Mose ergriffen, gepackt: Gott als Wille, als unbedingter Wille, niemals nur als Gegenstand einer Erfahrung oder Anbetung. Ein Auftrag, eine Hoffnung, stärker als jede Resignation, haben Mose gepackt. Er ist gepackt von Möglichkeiten, deren Wirklichwerden nicht in menschlichem Belieben oder Vermögen steht.

So widerfährt es Menschen bei allem Wesentlichen im Leben. Man kann es nicht im direkten Zugriff verwirklichen und erfahren. Liebe, Hoffnung, Trost, Vertrauen, – das stellt sich ein, muß sich schlechterdings „von allein" einstellen bei uns, ist nicht zu „machen". Hier geht es um die Wirklichkeit des unverfügbaren Ankommens.

Mose antwortete: Was aber, wenn sie mir nicht glauben und nicht auf mich hören, sondern sagen: Jahwe ist dir nicht erschienen?

Der Herr entgegnete ihm: Was hast du da in der Hand? Er antwortete: Einen Stab. Da sagte der Herr: Wirf ihn auf die Erde! Mose warf ihn auf die Erde. Da wurde der Stab zu einer Schlange, und Mose wich vor ihr zurück.

Der Herr aber sprach zu Mose: Streck deine Hand aus, und fasse sie am Schwanz! Er streckte seine Hand aus und packte sie. Da wurde sie in seiner Hand wieder zu einem Stab. So sollen sie dir glauben, daß dir Jahwe erschienen ist, der Gott ihrer Väter, der Gott Abrahams, der Gott Isaaks und der Gott Jakobs (Exodus 4, 1–5).

Nun packt Mose aber die nackte Angst. Er sieht kein Ausweichen vor seiner Lebensaufgabe. Sie wird ihm zur Schlange, unheimlich, giftig, tödlich. Äußert sich so womöglich das leise Wissen, daß entfachte Hoffnungen, Bedürfnisse, Begierden zu einer verzehrenden Gewalt werden können – auch die Hoffnung auf Freiheit? Es ist geradezu eine homöopathische Kur, der Mose unterzogen wird: Als ob er ein Heiler werden sollte wie Asklepios, dessen Symbol die Schlange ist. Gegen alle Vorsicht darf Mose die Schlange nicht hinterm Kopf packen, sondern muß das Gefährlichere tun, auf Gottes Wort hin: die Schlange beim Schwanz packen und dem Risiko standhalten, gebissen zu werden. Er tut, was sein Verstand ihm verbietet. Die erste Feuerprobe des Vertrauens, – und die Wandlung geschieht. Damit ist Moses Angst vor der Angst fürs erste geheilt.

Doch Mose sagte zum Herrn: Aber bitte, Herr, ich bin keiner, der gut reden kann, weder gestern noch vorge-

stern, noch seitdem du mit deinem Knecht sprichst. Mein Mund und meine Zunge sind nämlich schwerfällig.

Der Herr entgegnete ihm: Wer hat dem Menschen den Mund gegeben, und wer macht taub oder stumm, sehend oder blind? Doch wohl ich, der Herr! Geh also! Ich bin mit deinem Mund und weise dich an, was du reden sollst.

Doch Mose antwortete: Aber bitte, Herr, schick doch einen andern! Da entbrannte der Zorn des Herrn über Mose, und er sprach: Hast du nicht noch einen Bruder, den Leviten Aaron: Ich weiß, er kann reden; außerdem bricht er gerade auf und wird dir begegnen. Wenn er dich sieht, wird er sich von Herzen freuen. Sprich mit ihm, und leg ihm die Worte in den Mund! Ich aber werde mit deinem und seinem Mund sein, ich werde euch anweisen, was ihr tun sollt, und er wird für dich zum Volk reden. Er wird für dich der Mund sein, und du wirst für ihn Gott sein. Diesen Stab nimm in deine Hand! Mit ihm wirst du die Zeichen vollbringen (Exodus 4, 10–17).

Wenn Angst als Ausrede nicht mehr zählt, „hilft" vermeintlich nur noch das Eingeständnis: Ich bin unbegabt, kann nicht reden, bin zu jung, zu alt, zu ... Auch dies wird dem Mose genommen. Gott erinnert ihn daran, wer einem Menschen die Gaben gibt, und manche der Gaben erst zusammen mit den Aufgaben.

Wenn aber gar keine Ausrede mehr zählt, scheint nur noch offene Weigerung zu helfen: Ich will nicht, schicke bitte einen anderen. Und endlich zeigt sich bei diesem fordernden und all die menschlichen Bedenken überfordernden Gott die andere Seite: Verkleidet in den Zorn des Herrn, zeigt sich seine Geste der Barmherzigkeit gegenüber eingebildeter oder wirklicher Schwäche. Der Bruder wird ihm als Helfer zur Seite treten. Freude wird die bevorstehende Begegnung bestimmen, nicht Angst. „Er wird für dich der Mund sein, und du wirst für ihn Gott sein" (Exodus 4, 16).

Niemand muß alles können. Wo Menschen bei ihren Lebensaufgaben einander brauchen und unterstützen, zeigt sich Gott, sind sie auf göttlichem Weg.

4

Zurück zum Anfang

Exodus / 2 Mose 4, 18–31

Darauf kehrte Mose zu seinem Schwiegervater Jitro zurück. Er sagte zu ihm: Ich will zu meinen Brüdern nach Ägypten zurückkehren. Ich will sehen, ob sie noch am Leben sind. Jitro antwortete Mose: Geh in Frieden!

Der Herr sprach zu Mose in Midian: Mach dich auf, und kehr nach Ägypten zurück; denn alle, die dir nach dem Leben getrachtet haben, sind tot. Da holte Mose seine Frau und seine Söhne, setzte sie auf einen Esel und trat den Rückweg nach Ägypten an. Den Gottesstab hielt er in der Hand.

Der Herr sprach zu Mose: Wenn du gehst und nach Ägypten zurückkehrst, halte dir alle Wunder vor Augen, die ich in deine Hand gelegt habe, und vollbring sie vor dem Pharao! Ich will sein Herz verhärten, so daß er das Volk nicht ziehen läßt. Dann sag zum Pharao: So spricht Jahwe: Israel ist mein erstgeborener Sohn. Ich sage dir: Laß meinen Sohn ziehen, damit er mich verehren kann. Wenn du dich weigerst, ihn ziehen zu lassen, bringe ich deinen erstgeborenen Sohn um.

Unterwegs am Rastplatz trat der Herr dem Mose entgegen und wollte ihn töten. Zippora ergriff einen

Feuerstein und schnitt ihrem Sohn die Vorhaut ab. Damit berührte sie die Beine des Mose und sagte: Ein Blutbräutigam bist du mir. Da ließ der Herr von ihm ab. „Blutbräutigam" sagte sie damals wegen der Beschneidung.

Der Herr sprach zu Aaron: Geh hinaus in die Wüste, Mose entgegen! Da ging er. Am Gottesberg traf er ihn und küßte ihn. Mose erzählte Aaron von dem Auftrag, mit dem der Herr ihn gesandt hatte, und von allen Zeichen, zu denen er ihn ermächtigt hatte. Mose und Aaron gingen und versammelten alle Ältesten der Israeliten. Aaron wiederholte vor ihnen alle Worte, die der Herr zu Mose gesprochen hatte, und Mose vollbrachte die Zeichen vor den Augen des Volkes. Da glaubte das Volk, und als sie hörten, daß der Herr sich der Israeliten angenommen und ihr Elend gesehen habe, verneigten sie sich und warfen sich vor ihm nieder.

Die Angst und die Ausreden haben nichts genützt. Mose muß sich seinem Auftrag stellen, muß den Weg gehen in einen neuen Lebensabschnitt. Und dieser Weg führt zurück. Zurück in das Land seiner Kindheit, die Leiden hieß und Bewahrung. Zurück muß Mose an den Ort, wo sein blinder Gerechtigkeitseifer nur geschadet hat.

Ist das so: Wenn wir unseren Lebenslauf bis zum Höhepunkt gelebt haben, müssen wir zurück? – Es sieht so aus. Meine Vergangenheit holt mich ein, und vor meinen Taten und Fehlern kann ich zwar eine ganze Weile, aber eben nicht ewig davonlaufen. „Und

ihre Werke folgen ihnen nach" (Offenbarung 14, 13).
Das ewige Gerechtigkeitsgesetz, das Karma, die
Schuld holt uns ein, wie Mose, so jeden.

Zurückgehen macht Angst. Angst vor den Dingen,
die mir schwer waren und die ich überwunden
glaubte. Angst vor ungeklärten Beziehungen. Es gibt
die Angst, zurückzukehren ins Elternhaus, ins Dorf
der Herkunft, in die alten Rollenerwartungen hinter
neugierig-wissenden Blicken. Aber Zurückgehen gibt
auch Sicherheit. Im Früheren meines Lebenslaufs
kenne ich mich aus. Und manchmal, wenn ich verunsichert bin, greife ich instinktiv darauf zurück, auf
das Frühere: Regression nennt es die Psychologie.

Wir sehen nun den Mann Mose in der Regression,
auf einem Rückweg. Was geschieht da, was widerfährt
ihm?

Mose erfährt Bindung
Seine Jenseitserfahrung kann Mose nicht mit zurücknehmen auf diesem Weg. Brennende Dornbüsche
sind nicht zu fassen, sind unbeschreibbar. Oft machen Menschen den Fehler, unbeschreibliche Erfahrungen wiederholen zu wollen. Beispiel: Die Jünger,
oben auf dem Berg der Verklärung Jesu: Sie möchten
bleiben, festhalten, Hütten bauen (Markus 9, 2–10).
Aber *unten* wartet das Leben. Der Vater mit dem epileptischen Knaben wartet auf den zurückkehrenden
Jesus (Markus 9, 14–29). Und: Die Familie und Großfamilie wartet auf Mose.

Der übliche Strom des Lebens fließt in den Kanälen
von Bindungen. Gotteserfahrung ist jedoch etwas zutiefst Individuelles, ist unteilbar, nicht wirklich mit-

teilbar. Aber sie macht nicht bindungslos. Mir scheint, genau dies sei heute weit verbreitet: die Suche nach bindungsloser, „freischwebender" Transzendenz. Grenzerleben, Tiefenerfahrung, Ekstase, – man kann gottes-süchtig sein. Aber ohne Bindung, ohne Bezug auf die Niederungen menschlichen Lebens ist es das gleiche wie selbst-süchtig.

Ganz anders Mose. Er löst nur jene Bindungen, die ihn unbeweglich machen würden und von seinem Weg und Auftrag abhalten. Er nimmt Abschied von seinem Schwiegervater. Und auch dies: Die Erfahrung mit Gott, die ihn auf einen unvermuteten Weg schickt, die ihn herausruft, „hebt ihn nicht ab", und sie ist für Mose nicht wie eine fremde Autorität, in die hinein er sich selbst auflöst. *Ich*, sagt Mose, ich will nach meinen Brüdern sehen in Ägypten. Er hat sich das anfänglich einbrechende, fremde Wort und den unverhofften Auftrag zu eigen gemacht. Den Segen seines Schwiegervaters darf er mitnehmen. Bindungslos leben hieße auch: ohne Segen leben.

Die unlösbaren Bindungen nimmt Mose mit: Frau und Sohn. Setzt sie auf den Esel in Fürsorge und Verantwortung – ein Urbild der „Heiligen Familie". Ein Schiff, schwer beladen, zieht dann nach Ägypten. Wenn es allein um Bewegungsfreiheit ginge bei dem Ruf Gottes, wäre diese Reisebegleitung eine Last. Einzeln kommt man manchmal schneller, müheloser voran. Es gibt jedoch „Lasten", die kann und will einer, der im Segen gehen will, nicht einfach als „lästig" loswerden. Er darf und will sie tragen „mit dem Gottesstab in der Hand" (Exodus 4,20).

Mose erfährt Angst

Das ist eine dunkle Geschichte, in die Mose da gerät. „Der Herr trat ihm entgegen und wollte ihn töten" (Exodus 4,24). Was ist hier außen, was innen? Der Zwiespalt wird einfach übermächtig auf dem Weg zurück und doch ins Ungewisse. Ich will und ich will nicht, – und der mich so zwiespältig gehen heißt, wird mir zum Feind. In Todesangst gerät Mose, in ein tödlich ernstes Kämpfen mit sich, mit Gott in seiner Seele:

Es ist wie der Kampf Jakobs mit dem dunklen Gegenüber, bevor ihm der Weg zur Versöhnung mit dem Bruder Esau frei wird (Genesis 32,23–33,1 ff).

Es ist gleich Josua am Jordan, dem es sich löst im „Sei getrost und unverzagt" (Josua 1,9).

Es ist wie bei Jona, der vor sich selbst davonlaufen will und sich doch nicht entrinnt.

Oder Jesus, in Getsemani, der in der abgrundtiefen Angst vor dem Tod den Tod vorweg erleidet, bis sein Wille sich in den größeren Willen ergibt (Markus 14,32 ff).

Immer wieder solch „unruhige Nacht" (Albrecht Goes). Immer wieder der Kampf und der Zweifel: Das halte ich nicht durch, dazu kann ich doch nicht stehen, das schaff ich nie. Mit einem vielleicht überraschenden Deutewort gesagt: Es geht offenbar um Potenz.

Solche Selbstzweifel und nackten Ängste können nicht nur im Innern der Seele ausgetragen werden. Hier werden sie ausgelebt stellvertretend am Sohn. Er wird beschnitten. Der „harte Mann" wird getroffen und verwundet in seinen „Weichteilen". In aller

Selbstverständlichkeit ist es die Frau, die den Bann der Versagensangst löst.

Die ungeheure Erwählung des Mose; die Unmöglichkeit des Auftrags, Freiheit zu fordern gegen alle Übermacht; nicht gehen wollen und doch nicht entrinnen können, – es muß wie ein finsterer Bann auf ihm liegen, will ihn zerreißen!

Wo ein Mann Angst hat, bleibt die Frau kühl. Sie kann mit Blut umgehen, schon von Natur wegen. Zippora wird zum Prinzen, der das ohnmächtige Dornröschen wachküßt. Die üblichen Rollen tragen hier nicht, wer und welches Geschlecht das starke zu sein habe. Blutbräutigam – wie wenn der bevorstehende Kampf um die Freiheit der Geknechteten zur Hochzeit werden sollte, bei der sich nun nicht Himmel und Erde naturhaft verbinden, damit Leben möglich sei, – sondern eine Hochzeit, wo Leben erfahren werden soll ausgerechnet auf dem Weg in die leblose Wüste. Mose jedenfalls ist kein gepanzerter Siegfried oder neuzeitlicher Macho-Held. Mose weiß, wie Angst schmeckt. Überwinden kann er sie nur durch „Beziehung": Die Frau löst ihn aus seiner Ohnmacht.

Mose erfährt Beistand
Noch in der Wüste kreuzen sich Wege. Sein Bruder Aaron begegnet ihm wie von ungefähr. Manchmal trifft es sich ja auch bei uns: Da läuft mir im rechten Augenblick der oder die Richtige über den Weg. Es hat mit Gott zu tun, betont die Bibel, wenn Wegspuren und Lebensläufe sich kreuzen. Freundschaft hat mit Gott zu tun. Ein Bruder als Beistand ebenso. Nicht allein geht Mose das letzte Stück. Er ist kein

„Riese Atlas", der die Welt oder auch „nur" ein ganzes Volk auf seinen Schultern tragen muß. Mose darf Mensch bleiben, obwohl zu so Ungeheurem erwählt.

Die Ältesten Israels werden versammelt. Der Funke Hoffnung kommt zum Glühen in ihren Herzen. Dieser Funke überwindet die graue Resignation. Mit Funken fängt es immer an. Montagsgebete, Lichterketten. Worte vermögen auf einmal Glauben zu wecken. Die Zeichen verheißen: Unmögliches wird möglich, die Mauer wird fallen. Nah ist auf einmal die Freiheit. Der brennende Dornbusch vermag zu zünden in einem ganzen Volk! Wissen wir noch, wie ungeduldig die nahe Freiheit ein Volk macht? Wie sie davonstürmen durch die Mauer ins „gelobte Land"?

Freiheit hat zur Schwester die Gier. Wer wollte es verdenken nach so langer Entbehrung? Fast übermenschlich geduldig ist hier dagegen Israel. Nichts geschieht aus blindem Freiheitsdrang, der auf nichts mehr warten kann. Israel hält inne. Israel neigt sich in Demut vor dem Wunder, das Gott ja noch gar nicht getan hat! Sie beten das grundlose Erbarmen Gottes an.

5

Der Anwalt

Exodus/2 Mose 5,1–6,1

*D*anach gingen Mose und Aaron zum Pharao und sagten: So spricht Jahwe, der Gott Israels: Laß mein Volk ziehen, damit sie mir in der Wüste ein Fest feiern können. Der Pharao erwiderte: Wer ist Jahwe, daß ich auf ihn hören und Israel ziehen lassen sollte? Ich kenne Jahwe nicht und denke auch nicht daran, Israel ziehen zu lassen. Da sagten sie: Der Gott der Hebräer ist uns begegnet, und jetzt wollen wir drei Tagesmärsche weit in die Wüste ziehen und Jahwe, unserem Gott, Schlachtopfer darbringen, damit er uns nicht mit Pest oder Schwert straft. Der König von Ägypten entgegnete ihnen: Warum, Mose und Aaron, wollt ihr die Leute zum Nichtstun verleiten? Fort mit euch, tut euren Frondienst! Der Pharao fuhr fort: So viele Leute sind jetzt im Land, und ihr wollt sie vom Frondienst abhalten?*

Am selben Tag noch gab der Pharao den Antreibern der Leute und den Listenführern die Anweisung: Gebt den Leuten nicht mehr, wie bisher, Stroh zum Ziegelmachen! Sie sollen selber gehen und sich Stroh besorgen. Legt ihnen aber das gleiche Soll an Ziegeln auf, das sie bisher erfüllen mußten. Laßt ihnen davon nichts nach! Denn sie sind faul, und deshalb schreien sie: Wir wollen gehen und unserem Gott Schlachtopfer darbringen. Erschwert man den Leuten die Arbeit, dann sind sie beschäftigt und kümmern sich nicht um leeres Geschwätz.

Da gingen die Antreiber der Leute und die Listenführer zu den Leuten und sagten: So spricht der Pharao: Ich gebe euch kein Stroh mehr. Geht selbst, und besorgt euch Stroh, wo ihr es findet. Von eurem Arbeitssoll aber wird euch nichts erlassen. Die Leute verteilten sich also über ganz Ägypten, um sich Stroh zu besorgen. Die Antreiber drängten und sagten: Ihr müßt euer tägliches Soll erfüllen wie bisher, als euch noch Stroh geliefert wurde.

Die Antreiber des Pharao schlugen die israelitischen Listenführer, die sie eingesetzt hatten, und sagten: Warum habt ihr heute nicht wie neulich noch das festgesetzte Soll an Ziegeln erfüllt? Da gingen die israelitischen Listenführer zum Pharao und erhoben vor ihm Klage: Warum tust du deinen Sklaven das an? Man gibt deinen Sklaven kein Stroh, aber man sagt uns: Macht Ziegel! Schau, man hat deine Sklaven geschlagen; die Schuld aber liegt bei deinen Leuten. Er entgegnete: Faul seid ihr, faul. Nur deshalb sagt ihr: Wir wollen gehen und Jahwe Schlachtopfer darbringen. Jetzt aber fort mit euch, und tut eure Arbeit! Stroh bekommt ihr nicht, aber euer Soll an Ziegeln müßt ihr erfüllen. Da sahen sich die israelitischen Listenführer in einer üblen Lage, weil man ihnen sagte: Nichts von eurem täglichen Soll an Ziegeln wird euch erlassen.

Als sie vom Pharao kamen, stießen sie auf Mose und Aaron, die ihnen entgegenkamen. Die Listenführer sagten zu ihnen: Der Herr soll euch erscheinen und euch richten; denn ihr habt uns beim Pharao und seinen Dienern in Verruf gebracht und ihnen ein Schwert in die Hand gegeben, mit dem sie uns umbringen können. Da wandte sich Mose an den Herrn und sagte: Mein Herr, warum behandelst du dieses Volk so schlecht? Wozu hast du mich denn gesandt? Seit ich zum Pharao gegangen bin, um in deinem Namen zu reden, behandelt er dieses Volk noch schlechter, aber du hast dein Volk nicht gerettet.

Der Herr antwortete Mose: Jetzt wirst du sehen, was ich dem Pharao antue. Denn von starker Hand gezwungen, wird er sie ziehen lassen, ja von starker Hand gezwungen, wird er sie sogar aus seinem Land ausweisen.

Jetzt ist es soweit. Mose und Aaron haben Glauben gefunden beim Volk. Der Funke Hoffnung hat gezündet. Nun muß das in die Tat umgesetzt werden, was man glaubt und hofft. Es wird ihnen schwer genug geworden sein, dem Mose und Aaron, vor den Pharao zu treten, diesen unnahbaren Gottkönig, diesen Verursacher ihrer Leiden. Aber sie fassen sich ein Herz und richten ihre Botschaft aus: „So spricht der Herr: Laß mein Volk ziehen!" Wohin? Zum Feiern! – Eine Riesenprovokation, etwa wie wenn eine Fabrikbelegschaft sagen würde: Wir wollen morgen einen blauen Montag machen. Wie wenn alle Türken in der Müllabfuhr und im Straßenbau bei uns, alle griechischen und alle bosnischen oder kroatischen Putzfrauen sagen würden: Wir tun nicht mehr unsere Pflicht, wir feiern. Oder gar: Wir demonstrieren!

Der König reagiert eigentlich nicht so entrüstet, wie vermutlich mancher Arbeitgeber bei uns reagierte. Ich, Pharao, will sie nicht ziehen lassen. Klar, denn: Ich brauche sie für die Drecksarbeiten in unserem Land. Die tut mir sonst keiner. Aber, was war das noch mal für ein Name, der euch schickt? Herr –, Jahwe –, Ich-bin-da? Wer ist denn der, dieser komische „Ich-bin-da"? Da könnte ja jeder kommen! – Pharao weiß nichts von diesem Herrn und will auch nichts von ihm wissen. Und damit steht er stellvertretend für den Menschen aller Zeiten, auch der unsrigen. Pharao steht für die Frage, die jeden und jede betrifft, nämlich die Frage: Von wem lasse ich mir etwas sagen?

Das sind nun viele Stimmen, denen ein Mensch sich ausgesetzt sieht: Am Anfang die Stimme der Eltern, später die der Gleichaltrigen, der Freunde, aber dann auch die großen und lauten Stimmen der Vorbilder, der Stars, und allgegenwärtig und aufdringlich wie klebriges Öl die Einflüsterungen und Bilder unserer modernen Welt: Kauf dir doch das; dies oder das brauchst du noch zum Glücklichsein; man muß es haben; „Lifestyle" ist das Zauberwort. Viele, viele Stimmen sind es, von denen wir uns beeinflussen lassen.

Und die Stimme Gottes? Manche wollen bewußt auf sie hören, aber oft geht sie unter im Alltag. Und begegnet einem womöglich Gott gerade in den Stimmen der Not, des Elends? – Ja, die Frage ist offen, auch für mich: Von wem lasse ich mir etwas sagen?

Mose und Aaron werden noch deutlicher (Exodus 5,3): „Der Gott der Hebräer", so stellen sie ihn vor. Also: Der Gott der „Habiru", der Gott der Fremdarbeiter, der Gott der Wirtschaftsasylanten (denn das war der Grund, warum die Söhne Jakobs ins Land gekommen waren), der Gott der Ohnmächtigen fordert vom mächtigen Pharao in der hochkultivierten Götterwelt Ägyptens: Gib mein Volk frei! – Ein Witz!
Mose und Aaron beharren auf dem Willen Gottes. Es geht um ein Opferfest. Das bedeutet: Gott versammelt seine Menschen zu einem festlichen Mahl. Er macht ihnen ein Fest zum Geschenk und zeigt darin: Leben ist mehr als Arbeiten, Leben ist Feiern. Noch bevor der Feiertag, der Sabbat, als *Gebot* erlassen wird, wird er hier in seinem wahren Sinn als *Geschenk* verheißen: Ihr sollt nicht bloß schuften müssen, ihr sollt etwas zum Feiern haben, ihr sollt die geschenkte Freiheit schmecken. – „Dumme Gedanken das!" sagt der Pharao, „die haben noch zu wenig zu tun. Denen geht es zu gut. Arbeit macht frei, nicht Faulenzen."
Arbeit macht frei – so verhält sich Pharao. So steht es bis heute zur grausigen Erinnerung und Mahnung am Eingang des Konzentrationslagers Auschwitz ...

Es sind zu viele, sagt Pharao, mehr als wir Ägypter inzwischen. Das Fest würde ihr Bewußtsein stärken, daß sie zusammengehören. Einigkeit macht stark. Deshalb: Wir zerstören die Solidarität bei ihnen, bevorzugen einige, machen sie zu Unteraufsehern. Denn wer nach oben Angst hat, tritt am kräftigsten nach unten. So halten sie sich selbst in Schach. Und dazu den Akkord heraufsetzen. Denen werden wir ihre Lust zum Feiern schon austreiben! – Und es kommt, wie es kommen muß: Die da zwischen die Mühlsteine kommen, suchen die Schuldigen. Und da der Pharao unangreifbar mächtig ist, geht es jetzt gegen Mose und Aaron. Die sind schuld, die sind die Sündenböcke, die haben den ganzen Ruf von uns Hebräern zerstört, und jetzt ist alles nur noch schlimmer. Hätten wir doch nicht auf euch gehört! Was soll uns da die Stimme Gottes? Wenn es hart auf hart geht, hat die Menschenseele keine Zeit für Visionen, und sei es die Vision von Freiheit. „Erst kommt das Fressen, dann die Moral" (Bert Brecht).

Und die beiden Sündenböcke? Werfen sie den Bettel hin und sagen: Ihr seid's nicht wert? Machen sie mit beim Spiel „Warum" und „Wenn doch"?

Mose läßt sich nicht einfangen vom Menschheitsspiel: Wenn etwas schiefgeht, sucht man die Gründe dafür und findet einen Sündenbock. Mose geht heraus aus dieser Drehmühle, geht zu Gott und nimmt seine maßlose Enttäuschung mit. Warum? – so fragt auch er. Aber darin fragt er nach Willen und Ziel Gottes. Wozu hast du mich hergesandt? Was ist dein Wille? Und wie kann dein Wille geschehen, du Gott der Ohnmächtigen?

Mose erhält zur Antwort: Mein Wille ist unverändert. Pharao muß euch ziehen lassen. Mehr hat Mose nicht auf der Hand als diese Willensäußerung Gottes. Mehr haben Menschen oft tatsächlich nicht, als ein

Wort, ein schwaches Wort in ihre Verzweiflung hinein.

Aber daran kann sich ein Mensch halten und Anwalt *der* Freiheit bleiben, die Gott will.

6

Zeichen und Zorn

Exodus / 2 Mose 7, 1–13

Der Herr sprach zu Mose: Hiermit mache ich dich für den Pharao zum Gott; dein Bruder Aaron soll dein Prophet sein. Du sollst alles sagen, was ich dir auftrage; dein Bruder Aaron soll es dem Pharao sagen, und der Pharao muß die Israeliten aus seinem Land fortziehen lassen. Ich aber will das Herz des Pharao verhärten, und dann werde ich meine Zeichen und Wunder in Ägypten häufen. Der Pharao wird nicht auf euch hören. Deshalb werde ich meine Hand auf Ägypten legen und unter gewaltigem Strafgericht meine Scharen, mein Volk, die Israeliten, aus Ägypten führen. Erst wenn ich meine Hand gegen die Ägypter ausstrecke, werden sie erkennen, daß ich der Herr bin, und dann werde ich die Israeliten aus ihrer Mitte herausführen.

Mose und Aaron taten, was ihnen der Herr aufgetragen hatte. So machten sie es. Mose war achtzig Jahre und Aaron dreiundachtzig Jahre alt, als sie mit dem Pharao verhandelten.

Der Herr sprach zu Mose und Aaron: Wenn der Pharao zu euch sagt: Tut doch ein Wunder zu eurer Beglaubigung!, dann sag zu Aaron: Nimm deinen Stab, *und wirf ihn vor den Pharao hin! Er wird zu einer Schlange werden.*

Als Mose und Aaron zum Pharao kamen, taten sie, was ihnen der Herr aufgetragen hatte: Aaron warf seinen Stab vor den Pharao und seine Diener hin, und er wurde zu einer Schlange. Da rief auch der Pharao Weise und Beschwörungspriester, und sie, die Wahrsager der Ägypter, taten mit Hilfe ihrer Zauberkunst das gleiche: Jeder warf seinen Stab hin, und die Stäbe wurden zu Schlangen. Doch Aarons Stab verschlang die Stäbe der Wahrsager. Das Herz des Pharao aber blieb hart, und er hörte nicht auf sie. So hatte es der Herr vorausgesagt.

Um Beglaubigung geht es. Wie wird ein Mensch ausgewiesen als Bote Gottes? Anders gesagt: Was macht eine Aufforderung, eine Idee, ein Ansinnen zum Unbedingten, dem gehorcht werden muß? Es ist eine ungeheure Vorstellung gleich in Vers 1: Mose zum Gott gesetzt für den Pharao und Aaron zum Propheten. Das riecht fast nach Menschenvergötterung. Für das altorientalische Gottkönigtum ist dies ein Schlag ins Gesicht. Heute klingt es psychologischer: Gottkönigtum wird zum „Gotteskomplex" (Horst-Eberhard Richter), – der Mensch will sein wie Gott und im Allmachtswahn der Technik alles in seinen Griff kriegen. Niemand und nichts stellt sich diesem Allherrschergriff des modernen Menschen entgegen.

Was soll Mose tun, der da für den Gottmenschen Pharao nun seinerseits zum Gott gemacht ist? Er soll reden, soll den Willen des einzigartig lebendigen Gottes ansagen in göttlicher Autorität. Menschen können einander im Namen Gottes zum Gott gesetzt sein. Menschen können warnen, mahnen, zurechtweisen und so den Weg ins Leben zeigen. Aber was bewirkt schon das Reden? Pharao hört nicht. So erschreckend offenkundig ist das, daß es vorhersagbar ist. Die Stimme Gottes, sie wird nicht gehört werden, bis heute. „Gott warnet täglich für und für, das zeugen seine Zeichen ..." (Evang. Kirchengesangbuch Nr. 390, 8). Aber, wer nicht hören will, muß offenbar fühlen. Das wird die ganze schreckliche Geschichte der ägyptischen Plagen zeigen. Doch, abgündig und einfach wahr: Nicht einmal das Fühlen macht einen Menschen hörbereit, also ge-horsam gegenüber Gottes Willen.

Achtzig Jahre alt ist Mose, zum zweitenmal vierzig. Zum zweitenmal diese biblisch-symbolische Zahl an Jahren gelebt, die nach der Zahlenweisheit der Kabbala eine Zeit der Vorbereitung bedeutet, Zeit des Untertauchens (vgl. Genesis 7, 17), der Inkubation. Mose ist ein alter Mann, hat gelebt, gehandelt, Glück und Schuld erfahren, Angst und Mut gehabt, – und hat nichts bewirkt. Die Welt bleibt, wie sie ist, und es ist nichts härter und unbeugsamer als das menschliche Herz.

Also Mose: umsonst gemüht, umsonst gelebt. Das ist die Bilanz deiner achtzig Lebensjahre. Aber Gottes Bilanz sieht anders aus, und er vermag den menschlichen Lebensphasen – der Jugend, dem mittleren Leben, dem Alter – mit ihren typischen Chancen und Krisen eine neue Phase des Lebens hinzuzusetzen.

Gott schreibt den menschlichen Lebenslauf unsichtbar mit und nimmt Menschen in seinen Dienst, unabhängig von ihrem Alter. Niemand gehört für Gott zum alten Eisen.

Sich als ein Bote Gottes ausweisen soll Mose also, und zwar durch ein Wunder. Menschen sollen erkennen, wer da in Mose redet und handelt. Das gleiche Zeichen wie beim brennenden Dornbusch: ein Stab, der zur Schlange wird. Das Stützende wird zum Bedrohenden, das Feste, Zuverlässige bekommt Eigenleben. Nichts ist sicher in der Menschenwelt. Vor Gott bist du nicht sicher, Mensch. Aber Schlangengift bedeutet auch Heilserum. Ein Wunder geschieht zur Beglaubigung des Boten, ein Zeichen.

Aber selbst Wunder überzeugen den Menschen nicht gleich. „Das können wir auch", sagen die Magier und tun entsprechend. Die Beschwörungspriester, die Pharao rufen läßt, sind die „Naturwissenschaftler" der alten Welt. Und wenn wir diese Gegner des Mose so sehen, wird plötzlich manches bestürzend aktuell an den ägyptischen Plagen: Auch Menschen können das Wasser vergiften, so daß alles Leben stirbt (Exodus 7,22). Auch Menschen können in die belebte Welt so eingreifen, daß sie zur Plage wird: nicht unbedingt eine Froschplage, aber künstliche Viren, biologische Kriegsführung, Genmanipulationen (Exodus 8,3). In ihrem Eifer, göttliche Allmacht nachzuahmen, merken Menschen gar nicht, daß sie die Plagen vergrößern, unter denen die Menschheit leidet, – ja, daß sie sich den eigenen Ast absägen, indem sie im Taumel des menschlichen Machenkönnens ihre Lebenswelt verheeren. Verderben bringen, das können Menschen, die „Allmächtigen".

Aber die Plagen aufheben? Als Gottesbote beglaubigt werden sollte Mose durch das Zeichen. Doch die Beglaubigungszeichen Gottes erkennt nur der Glaubende. Das ist bis heute so. Der Pharao sieht nur den Trick und sagt sich: Das werden wir auch hinkriegen. Wer ist schon Gott – für den Gottkönig Mensch?

So nehmen die sprichwörtlichen ägyptischen Plagen ihren Lauf: Das Trinkwasser wird zu Blut. Frösche, Stechfliegen, Viehpest kommen über das Volk, Hautkrankheiten, Hagelschlag, Heuschreckenschwärme, Finsternis und Bedrohung der Erstgeburt. Das alles sind nicht grausame Heimsuchungen Gottes aus blindwütigem Zorn. Obwohl Gott Grund genug hätte, daß ihm der Geduldsfaden reißt. Die Plagen sind eher ein Abbild davon, was geschieht, wenn Gott dem Menschen allein dessen eigennützigen Willen läßt. Sie sind im tiefsten Sinne Abbild und Ausfluß aus der verbohrt wütenden Menschenseele. Die Plagen sind ein Abbild für die Finsternis im Herzen und in den Beziehungen (so Exodus 10, 21–23).

Doch schon damals Licht in der Finsternis: in den Wohnungen der Israeliten. Und aus Israel heraus scheint das Licht in die Finsternis der ganzen Welt (Johannes 1, 5).

7

Leben als Verschonte

Exodus / 2 Mose 11, 4–10; 12, 1–14.29–38

*M*ose sagte: So spricht Jahwe: Um Mitternacht will ich mitten durch Ägypten gehen. Dann wird jeder Erstgeborene in Ägypten sterben, vom Erstgeborenen des Pharao, der auf dem Thron sitzt, bis zum Erstgeborenen der Magd an der Handmühle und bis zu den Erstlingen unter dem Vieh. Geschrei wird sich in ganz Ägypten erheben, so groß, wie es keines je gegeben hat oder geben wird. Doch gegen keinen der Israeliten wird auch nur ein Hund die Zähne fletschen, weder gegen Mensch noch Vieh; denn ihr sollt wissen, daß Jahwe zwischen Ägypten und Israel einen Unterschied macht. Dann werden alle deine Diener hier zu mir herabsteigen, sich vor mir niederwerfen und sagen: Zieht doch fort, du und das ganze Volk, das du anführst. Danach werde ich fortziehen. Er verließ den Pharao, rot vor Zorn.

Der Herr sprach zu Mose: Der Pharao hört nicht auf euch; denn ich will viele Wunder in Ägypten vollbringen. Mose und Aaron vollbrachten alle diese Wunder vor den Augen des Pharao, aber der Herr verhärtete das Herz des Pharao, so daß er die Israeliten nicht aus seinem Land fortziehen ließ (Exodus 11, 4–10).

Mit grimmigem Zorn war Mose vom Pharao weggegangen. Er ist am Ende seiner Geduld. Dieser verstockte Pharao, was soll man da noch reden? Jetzt geht es um Taten, um die Konsequenzen, – Mose, der Mann, der genug geredet hat.

Überzeugen wollen ist eine Seite im Leben, aber im Notfall muß sich der Gegner der Gewalt beugen? Zornesglut – macht blind. Man sieht sich im Recht und neigt dazu, den Gegner zu verteufeln. So beginnt ein Krieg, auch im Herzen des Mose, – durch Zornesglut.

Gott ist aber immer auch auf der anderen Seite, selbst unter Schmerzen, und gibt dem zornigen Mose einen Verweis: Verstockung des Menschenherzens ist kein Grund zur Geringschätzung. Auch am Negativen und gar Widergöttlichen sollen Gottes Wunder Gestalt gewinnen. Gott spannt den Bogen seines Wirkens so weit aus, daß auch noch der hartherzigste Mensch ohne jede Verurteilung einbezogen bleibt in die Geschichte der Taten Gottes, die wunderbar sind im Schweren wie im Befreienden.

Daß es hier Gott ist, der das Herz des Pharao verhärtet, will heißen: Verachtet mir den Gegenspieler, den Pharao nicht! Selbst wer in unseren Augen die Heilsgeschichte Gottes aufhält, darf nicht – nach allzu menschlichem Urteil – als störendes Element beseitigt oder verworfen werden. Im Unterschied zu Mose, zu uns Menschen, kann in Gottes Herzen Zorn keinen alles beherrschenden Platz bekommen. Gott verläßt niemanden rot vor Zorn, auch den Allerschlimmsten nicht. Er ist mit keinem Menschen restlos fertig.

Der Herr sprach zu Mose und Aaron in Ägypten: Dieser Monat soll die Reihe eurer Monate eröffnen, er soll euch als der erste unter den Monaten des Jahres gelten. Sagt der ganzen Gemeinde Israel: Am Zehnten dieses Monats soll jeder ein Lamm für seine Familie holen, ein Lamm für jedes Haus. Ist die Hausgemeinschaft für ein Lamm zu klein, so nehme er es zusammen mit dem Nachbarn, der seinem Haus am nächsten wohnt, nach der Anzahl der Personen. Bei der Aufteilung des Lammes müßt ihr berücksichtigen, wieviel der einzelne essen kann. Nur ein fehlerfreies, männliches, einjähriges Lamm darf es sein; das Junge eines Schafes oder einer Ziege müßt ihr nehmen. Ihr sollt es bis zum vierzehnten Tag dieses Monats aufbewahren.

Gegen Abend soll die ganze versammelte Gemeinde Israel die Lämmer schlachten. Man nehme etwas von dem Blut und bestreiche damit die beiden Türpfosten und den Türsturz an den Häusern, in denen man das Lamm essen will. Noch in der gleichen Nacht soll man das Fleisch essen. Über dem Feuer gebraten und zusammen mit ungesäuertem Brot und Bitterkräutern soll man es essen. Nichts davon dürft ihr roh oder in Wasser gekocht essen, sondern es muß über dem Feuer gebraten sein. Kopf und Beine dürfen noch nicht vom Rumpf getrennt sein. Ihr dürft nichts bis zum Morgen übriglassen. Wenn aber am Morgen noch etwas übrig ist, dann verbrennt es im Feuer!

So aber sollt ihr es essen: eure Hüften gegürtet, Schuhe an den Füßen, den Stab in der Hand. Eßt es hastig! Es ist die Paschafeier für den Herrn. In dieser Nacht gehe ich durch Ägypten und erschlage in Ägypten jeden Erstgeborenen bei Mensch und Vieh. Über alle Götter Ägyptens halte ich Gericht, ich, der Herr. Das Blut an den Häusern, in denen ihr wohnt, soll ein Zeichen zu eurem Schutz sein. Wenn ich das Blut sehe, werde ich an euch vorübergehen, und das vernichtende Unheil wird euch nicht treffen, wenn ich in Ägypten dreinschlage (Exodus 12, 1–14).

Jetzt beginnt etwas Neues nach der quälenden Phase von Plagen und verstockten Herzen. Über seinem Auszug aus Ägypten wird Israel zum Volk. Darum ist die Paschafeier (sprich: Pas-cha) das Grundfest der Geschichte Israels. Darum ist der Frühlingsmonat Nisan, in dem es gefeiert wird, der „erste" Monat, obwohl das jüdische Neujahr in den Herbst fällt. Darum ist jetzt auch weniger von Mose die Rede, sondern von der direkten Beziehung Gottes zum Volk.

Auf einen uralten Nomadenbrauch, wohl aus der Zeit der biblischen Väter, geht das Paschafest zurück: ein Übergangsfest, gefeiert jedesmal, wenn die Halbnomaden nach Ende der Regenzeit mit ihren Herden von der Wüste ins Kulturland überwechselten. Es muß wie eine unsichtbare Schwelle gewesen sein zwischen dem freien Beduinenleben und der reicheren, aber gebundeneren Ackerbaukultur. Und mit jedem Übergang verbindet sich Schwellenangst. So wurde in der letzten Nacht das letzte Mahl noch im Steppengebiet gehalten. Würde alles gut gehen? Würde man keines der wertvollen Tiere verlieren? Drohte nicht besonders in der Nacht und in der Fremde das Vernichtende? Ganz mußte das Lamm sein, denn Pascha ist kein Opfer, sondern eine zeichenhafte Feier. Blut soll den Vernichtenden abwehren. Doch Gott allein ist der Mächtige, nicht irgendwelche numinosen und bedrohlichen Kräfte.

Auf Gottes Anweisung hin und durch sein Handeln wird aus dem alten Nomadenbrauch das Pascha, und zwar mit einem genau umgekehrten Richtungssinn. Nun bedeutet es gerade *Auszug aus dem Kulturland*, heraus aus dem Sklavendienst in den Gottes-Dienst. Wörtlich bedeutet Pascha „Vorübergang" ‹des Herrn›, „Bewahrung" (Exodus 12, 13). Bewahrung im allgemeinen Sterben, das ist für Israel die Grunderfahrung seiner Geschichte.

Es war Mitternacht, als der Herr alle Erstgeborenen in Ägypten erschlug, vom Erstgeborenen des Pharao, der auf dem Thron saß, bis zum Erstgeborenen des Gefangenen im Kerker, und jede Erstgeburt beim Vieh. Da standen der Pharao, alle seine Diener und alle Ägypter noch in der Nacht auf, und großes Wehgeschrei erhob sich bei den Ägyptern; denn es gab kein Haus, in dem nicht ein Toter war.

Der Pharao ließ Mose und Aaron noch in der Nacht rufen und sagte: Auf, verlaßt mein Volk, ihr beide und die Israeliten! Geht und verehrt Jahwe, wie ihr gesagt habt. Auch eure Schafe, Ziegen und Rinder nehmt mit, wie ihr gesagt habt. Geht und betet auch für mich! Die Ägypter drängten das Volk, eiligst das Land zu verlassen, denn sie sagten: Sonst kommen wir noch alle um. Das Volk nahm den Brotteig ungesäuert mit; sie wickelten ihre Backschüsseln in Kleider ein und luden sie sich auf die Schultern. Die Israeliten taten, was Mose gesagt hatte. Sie erbaten von den Ägyptern

Geräte aus Silber und Gold und auch Gewänder. Der Herr ließ das Volk bei den Ägyptern Gunst finden, so daß sie auf ihre Bitte eingingen. Auf diese Weise plünderten sie die Ägypter aus.

Die Israeliten brachen von Ramses nach Sukkot auf. Es waren an die sechshunderttausend Mann zu Fuß, nicht gerechnet die Kinder. Auch ein großer Haufen anderer Leute zog mit, dazu Schafe, Ziegen und Rinder, eine sehr große Menge Vieh (Exodus 12, 29–38).

„Die Mitte der Nacht ist der Anfang des Tages." Eigentlich heißt es in Vers 29: zur Hälfte der Nacht, zur halben Nacht.

In der Nacht hatte Gott dem Abraham seine Verheißung bekräftigt, unterm Sternenmeer (Genesis 15).

In der Mitte der Nacht träumte Jakob seinen Traum von der Engelsleiter (Genesis 28, 10–22), und nachts begann sein unvermuteter Kampf bis zum Morgengrauen (Genesis 32, 23–32).

Bei seiner Rast war in der Nacht der nach Ägypten zurückkehrende Mose tödlich geängstigt und bedroht (Exodus 4, 24–26).

Jetzt beginnt das unheimliche und zugleich befreiende Hindurchschreiten Gottes durch die Menschenwelt und Menschennot, – „wohl zu der halben Nacht".

Alles Leben ist von Gott geschenkt. Darauf weist auch das Sterben der Erstgeborenen in Ägypten unmißverständlich hin. Das scheint jetzt selbst der göttergleiche Pharao anzuerkennen mit seiner Bitte: „Geht und betet auch für mich!" (Exodus 12,32). Deswegen gehört alles Leben, das zuerst geboren wird, stellvertretend Gott geweiht, ihm geheiligt (Exodus 13,1–2). Der Mitte der Heiligen Nacht gedenkt Israel in seiner jährlichen Paschafeier. Auf die Frage des Jüngsten einer jüdischen Familie am Sederabend zu Beginn der Festwoche: „Was ist das für eine geheimnisvolle Nacht?" wird als Antwort die Not der Sklaverei und der Weg in die Befreiung erzählt und erinnert. Jahr für Jahr feiert Israel, gedenkt des Geschehens und deutet entsprechend die Elemente auf dem festlichen Tisch: das Mus, rot wie die Ziegel, die sie hatten bakken müssen; die Kräuter, bitter wie die Tränen, die das geknechtete Volk vergossen hatte. Das feiernde Israel hält die Hoffnung lebendig mit dem Ruf: „Nächstes Jahr in Jerusalem!" Gott wird befreien und heimführen aus den Gefangenschaften jeder Zeitepoche.

Auch Jesus und seine Jünger haben dieses Fest gefeiert. Nach seinem Tod besann man sich: Wurde nicht Jesus, der Knecht Gottes, wie ein Lamm zur Schlachtbank geführt (Jesaja 53,7)? Und war er nicht zu der heiligen Zeit gestorben, da man in Jerusalem die Pascha-Lämmer schlachtete zum Fest? Die ersten christlichen Gemeinden haben anfangs das jüdische Pascha weitergefeiert, dabei an Jesu Tod gedacht und sein letztes Abendmahl erinnernd wiederholt.

Die Einheit der heiligen Feste ging verloren, weil das christliche Ostern ja immer an einem Sonntag gefeiert wird, während das jüdische Pesach-Fest nach dem Mondkalender der Juden in der Nacht vom 14.

auf den 15. Nisan und damit an wechselnden Wochentagen gefeiert wird.

„Wohl zu der halben Nacht" hat Gott die Bedrohung Israels verwandelt in den Anfang der Rettung. Immer wieder in der Heilsgeschichte: solch ein göttlicher Neuanfang, – und unüberbietbar in jenem, äußerlich gesehen, so armseligen Ereignis, von dem ein Weihnachtslied singt: daß da ein Kind geboren sei „wohl zu der halben Nacht".

8

Furcht und Zittern

Exodus / 2 Mose 13,17–14,31

Als der Pharao das Volk ziehen ließ, führte sie Gott nicht den Weg ins Philisterland, obwohl er der kürzere war. Denn Gott sagte: Die Leute könnten es sonst, wenn sie Krieg erleben, bereuen und nach Ägypten zurückkehren wollen. So ließ sie Gott einen Umweg machen, der durch die Wüste zum Schilfmeer führte. Geordnet zogen die Israeliten aus Ägypten hinauf. Mose nahm die Gebeine Josefs mit; denn dieser hatte die Söhne Israels beschworen: Wenn Gott sich euer annimmt, dann nehmt meine Gebeine von hier mit hinauf! Sie brachen von Sukkot auf und schlugen ihr Lager in Etam am Rand der Wüste auf. Der Herr zog vor ihnen her, bei Tag in einer Wolkensäule, um ihnen den Weg zu zeigen, bei Nacht in einer Feuersäule, um ihnen zu leuchten. So konnten sie Tag und Nacht unterwegs sein. Die Wolkensäule wich bei Tag nicht von der Spitze des Volkes, und die Feuersäule nicht bei Nacht.

Der Herr sprach zu Mose: Sag den Israeliten, sie sollen umkehren und vor Pi-Hahirot zwischen Migdol und dem Meer ihr Lager aufschlagen. Gegenüber von Baal-Zefon sollt ihr am Meer das Lager aufschlagen.

Dann denkt der Pharao: Die Israeliten haben sich im Land verlaufen, die Wüste hat sie eingeschlossen. Ich will das Herz des Pharao verhärten, so daß er ihnen nachjagt; dann will ich am Pharao und an seiner ganzen Streitmacht meine Herrlichkeit erweisen, und die Ägypter sollen erkennen, daß ich der Herr bin. Und so taten sie es.

Als man dem König von Ägypten meldete, das Volk sei geflohen, änderten der Pharao und seine Diener ihre Meinung über das Volk und sagten: Wie konnten wir nur Israel aus unserem Dienst entlassen! Er ließ seinen Streitwagen anspannen und nahm seine Leute mit. Sechshundert auserlesene Streitwagen nahm er mit und alle anderen Streitwagen der Ägypter und drei Mann auf jedem Wagen. Der Herr verhärtete das Herz des Pharao, des Königs von Ägypten, so daß er den Israeliten nachjagte, während sie voll Zuversicht weiterzogen. Die Ägypter jagten mit allen Pferden und Streitwagen des Pharao, mit seiner Reiterei und seiner Streitmacht hinter ihnen her und holten sie ein, als sie gerade am Meer lagerten.

Es war bei Pi-Hahirot vor Baal-Zefon: Als der Pharao sich näherte, blickten die Israeliten auf und sahen plötzlich die Ägypter von hinten anrücken. Da erschraken die Israeliten sehr und schrien zum Herrn. Zu Mose sagten sie: Gab es denn keine Gräber in Ägypten, daß du uns zum Sterben in die Wüste holst? Was hast du uns da angetan? Warum hast du uns aus Ägypten herausgeführt? Haben wir dir in Ägypten nicht gleich gesagt: Laß uns in Ruhe! Wir wollen Sklaven der Ägypter bleiben; denn es ist für uns immer noch besser, Sklaven der Ägypter zu sein, als in der

Wüste zu sterben. Mose aber sagte zum Volk: Fürchtet euch nicht! Bleibt stehen, und schaut zu, wie der Herr euch heute rettet. Wie ihr die Ägypter heute seht, so seht ihr sie niemals wieder. Der Herr kämpft für euch, ihr aber könnt ruhig abwarten.

Der Herr sprach zu Mose: Was schreist du zu mir? Sag den Israeliten, sie sollen aufbrechen. Und du heb deinen Stab hoch, streck deine Hand über das Meer, und spalte es, damit die Israeliten auf trockenem Boden in das Meer hineinziehen können. Ich aber will das Herz der Ägypter verhärten, damit sie hinter ihnen hineinziehen. So will ich am Pharao und an seiner ganzen Streitmacht, an seinen Streitwagen und Reitern meine Herrlichkeit erweisen. Die Ägypter sollen erkennen, daß ich der Herr bin, wenn ich am Pharao, an seinen Streitwagen und Reitern meine Herrlichkeit erweise.

Der Engel Gottes, der den Zug der Israeliten anführte, erhob sich und ging an das Ende des Zuges, und die Wolkensäule vor ihnen erhob sich und trat an das Ende. Sie kam zwischen das Lager der Ägypter und das Lager der Israeliten. Die Wolke war da, und Finsternis und Blitze erhellten die Nacht. So kamen sie die ganze Nacht einander nicht näher. Mose streckte seine Hand über das Meer aus, und der Herr trieb die ganze Nacht das Meer durch einen starken Ostwind fort. Er ließ das Meer austrocknen, und das Wasser spaltete sich. Die Israeliten zogen auf trockenem Boden ins Meer hinein, während rechts und links von ihnen das Wasser wie eine Mauer stand.

Die Ägypter setzten ihnen nach; alle Pferde des Pharao, seine Steitwagen und Reiter zogen hinter ihnen ins Meer hinein. Um die Zeit der Morgenwache blickte der Herr aus der Feuer- und Wolkensäule auf das Lager der Ägypter und brachte sie in Verwirrung. Er hemmte die Räder an ihren Wagen und ließ sie nur schwer vorankommen. Da sagte der Ägypter: Ich muß vor Israel fliehen, denn Jahwe kämpft auf ihrer Seite gegen Ägypten.

Darauf sprach der Herr zu Mose: Strecke deine Hand über das Meer, damit das Wasser zurückflutet und den Ägypter, seine Wagen und Reiter zudeckt. Mose streckte seine Hand über das Meer, und gegen Morgen flutete das Meer an seinen alten Platz zurück, während die Ägypter auf der Flucht ihm entgegenliefen. So trieb der Herr die Ägypter mitten ins Meer. Das Wasser kehrte zurück und bedeckte Wagen und Reiter, die ganze Streitmacht des Pharao, die den Israeliten ins Meer nachgezogen war. Nicht ein einziger von ihnen blieb übrig. Die Israeliten aber waren auf trockenem Boden mitten durch das Meer gezogen, während rechts und links von ihnen das Wasser wie eine Mauer stand. So rettete der Herr an jenem Tag Israel aus der Hand der Ägypter. Israel sah die Ägypter tot am Strand liegen.

Als Israel sah, daß der Herr mit mächtiger Hand an den Ägyptern gehandelt hatte, fürchtete das Volk den Herrn. Sie glaubten an den Herrn und an Mose, seinen Knecht.

Manchmal, da ist es einem zum Davonlaufen. Und zwar so, daß dabei nicht nur jener kindliche Trotz wieder wach wird, der nie ganz eingeschlafen und überwunden ist in der Seele eines Menschen, – eine Trotzbereitschaft, die auch sehr viel mit Selbstachtung zu tun hat: Niemand versteht mich mehr, alle sind gegen mich, ich gehe, reiße aus, – und sei es nur in der Phantasie. Manchmal aber, da ist es nicht Trotz, der den eigenen Selbstwert schützen soll, sondern Angst und Bedrohung. Bei den vielen Davonlaufenden aus den Kriegsgebieten liegt die Gefahr unverhüllt zutage.

Aber auch hierzulande – da können sicherheitsgewohnte, sicherheitsverwöhnte Menschen gepackt werden von Ängsten mancher Art. Seien es Krankheiten an Leib und Seele, sei es äußere oder innere Gewalt in Beziehungen, oder sei es etwas, das hauptsächlich aufs eigene Konto geht, eine Fehlentscheidung, eine Schuld, – es ist oft wirklich zum Davonlaufen, und manche tun es. Sie laufen etwa aus einer zerrütteten Beziehung, einer Ehe davon. Wird ein Mensch durch Davonlaufen das los, was ihm so bedrohlich ist? Oder nimmt er möglicherweise auf seiner Flucht ungewollt manches mit, was sich unversehens zu neuen Ängsten auswachsen kann? Meinem Schatten kann ich nicht davonlaufen. Und der Schatten, der berühmte „Balken im eignen Auge" (Matthäus 7, 1–5), läßt einen Menschen manchmal genau dann stolpern, wenn er glaubt, den erlösenden Schritt in die Freiheit zu tun.

Israel macht seine ersten Schritte auf dem Weg in die Freiheit. Aber eigentümlich: Der Weg in die Freiheit heißt nicht, losstürmen zu dürfen und zu tun, was man will. Das ist seit der so bewegenden Maueröffnung die ernüchternde Erkenntnis auch des deutschen Volkes. Freiheit heißt nicht, direkten Zugriff zu haben auf alles und jedes, und ab jetzt das eigene Belieben regieren zu lassen.

Umwege führt Gott diejenigen, die er befreit. Und das heißt auch: Israel bekommt Zeit geschenkt. Zeit, in der die geknechtete Seele nachkommen, sich herauswinden kann aus der Sklaverei, stärker werden, auch reifen kann an Widrigkeiten des Lebens. Kämpfe vor sich sehen muß offensichtlich auch der, den Gott befreit hat aus dem täglichen Elendskampf der Knechtschaft. Umwege also schenken Zeit und stärken die Seele, daß sie im härteren Wind der Freiheit bestehen kann. Zurück nach Ägypten könnten sie wollen, weiß Gott. Zurück in die alte Übersichtlichkeit: hier die einen, dort die anderen, – bei uns kennt man inzwischen ja auch diese Töne. Aber Gott verbaut seinem Volk den Weg zurück. Regression, Zurückfallen auf frühere Stufen seiner Lebensgeschichte, ist auf Dauer kein Weg, ein freier und mündiger Mensch zu werden. Seltsam doch, wie Menschen, wenn es ernst wird mit der Freiheit, beginnen, ihre Fesseln zu lieben und zu verklären! Denn zu viel Neues macht Angst, vor allem, wenn das Neue Durststrecke und Wüstenwanderung heißt.

Noch eine zusätzliche Last führen sie mit sich: die Mumie Josefs, des Träumers, des Prahlhanses, des Segensspenders aus Urzeiten (Exodus 13, 19). Steht Josef für die „Leiche im Keller", für den Schatten im Charakter eines Menschen und eines ganzen Volkes? Müssen sie mit dieser Mumie sozusagen Last und Segen ihres Volks mit sich führen und werden beides nicht los? Auch Träume sind es gewiß, die sie mit sich tragen, – den Traum vom Land, den Traum vom Frieden. „Ein Volk ohne Träume und Visionen geht zugrunde", verwildert (so: Sprüche Salomos 29, 18).

Und noch etwas zieht mit auf diesem Umweg zur Freiheit: die Wolkensäule, die Feuersäule. Nichts, mit dem sie kumpelhaft auf Du und Du machen können. Nicht „unser Herrgott" darf es für Israel heißen, so daß es bequeme und gezähmte Gottesvorstellungen in seiner Seele hätte entwickeln können. Vielmehr ungreifbar wie die Wolken, verzehrend und voller Energie wie Feuer, so ist Gott gegenwärtig: „Die Wolkensäule wich bei Tag nicht von der Spitze des Volkes, und die Feuersäule nicht bei Nacht" (Exodus 13,22). Ein Zeichen, welches so etwas wie Vertrauen nähren soll. Das Vertrauen, daß Gott mit- und vorausgeht. Ob es mir nun gutgeht oder schlecht, – „es wird gehen", sagt solches Gottvertrauen.

Aber jetzt geht gar nichts mehr, denn vor Israel liegt das Schilfmeer und hinter ihnen stürmen die übermächtigen Verfolger mit ihren Pferden und Streitwagen heran. Nicht einmal Davonlaufen geht jetzt mehr, denn der Weg nach vorne ist abgeschnitten: Israel in der Falle?

Die menschliche Urangst überhaupt: eingeschlossen zu sein, nicht vor und nicht zurückzukönnen. Immer wieder mußte man im Lauf der biblischen Überlieferung an dieser Urangst buchstabieren, sie weitererzählen, sie ausspinnen, sie nacherleben. Schließlich haben sich die Erzählfäden ineinander verwoben und bilden den Bibeltext in der Gestalt, wie er auf uns gekommen ist. Wellen des Meeres und Wellen der Furcht türmen sich unüberwindlich auf in dieser Geschichte, – in welcher Lebensgeschichte eigentlich nicht?

Dreimal arbeitet sich die Seele Israels ab an dem, wie Angst zu überwinden sei. Dreimal ist in dieser Erzählung (nach der Luther-Übersetzung) vom Fürchten die Rede, und jedesmal in einem anderen Sinn.

In *Exodus 14,10* geht es um nackte Überlebensangst, denn die Übermacht der Ägypter ist fürchterlich. Dann doch lieber lebend gefangen, als in Freiheit tot. Zurück wollen die geängstigten Seelen und einen Schuldigen greifen. Ihren Befreier Mose gehen sie an. Er wird ihnen zum „Feind", bei dem sie den Angriff wagen.

Exodus 14,13 dagegen redet von Angst in der beschwörenden Verneinung: „Fürchtet euch nicht, steht fest!" Zum Standhalten ruft Mose Menschen auf, die am liebsten davonlaufen wollen, es aber nicht können. Ihrer Angst sollen sie standhalten lernen, dem Drachen ins Angesicht schauen; denn es ist vielfach die „Angst vor der Angst", die Menschen zu Unsinn und Untat treibt. Es ist ein beschwörender Appell, der nach unserer Erfahrung in aller Regel keine dauerhafte Wirkung zeigt. Angst läßt sich nicht durch ein „Nur Mut!" wegreden. Ob sie ihm das abgenommen haben, was Mose ankündigt: „Der Herr kämpft für euch"? Ob unsere Seele mitten in den Wellen der Furcht es sich zusprechen oder sich daran erinnern lassen mag, daß wir das Eigentliche zu unserem Leben, zur Gesundheit, zum Glück, zur Sicherheit nicht selber tun können? Ob eine Seele in ihrer Angst es sich zusprechen lassen mag, daß ein Mensch immer nur durch Bewahrung oder gar Rettung lebt?

Exodus 14,31 zeigt: Es geht nicht um Unterdrükkung, sondern um Verwandlung der Furcht. Die Menschenfurcht ist verwandelt in das, was einzig den Menschen menschlich sein läßt, nämlich Gott und nur Gott fürchten. Aus heilloser Angst soll so etwas werden wie ein heiliger Respekt. Der allein läßt Menschen in ihren Ängsten leben und macht sie doch frei.

Und Mose steht dazwischen: Zwischen Gott und dem Volk, zwischen den Ägyptern und der Angst. Den Stab soll er ausrecken und nicht mehr sich darauf stützen. Mit Stützen und Krücken verwandelt man keine Angst zu befreiender Gottesfurcht. „Die Israeliten zogen auf trockenem Boden ins Meer hinein" (Exodus 14,22). Den Schritt hinein mußten sie selber tun, hinein ins gefährliche Element. In seine Angst hineingehen, – dieser Schritt kann keinem Menschen abgenommen werden, der seinen Ängsten standhalten und verwandelt aus ihnen hervorgehen soll. Israel tut den Schritt. Auf dem Weg durchs Meer der Angst lernt Israel, was „glauben" heißt. Nicht für immer, wie der Weiterweg zeigen wird. Auch Mose, der es im Namen Gottes wagen mußte, gegen die Ängste eines ganzen Volkes hinzustehen, auch Mose ist verwandelt. Er bekommt hier erstmals in der Bibel den Ehrentitel „Knecht", Knecht des Herrn. „Knechte Gottes" sind in der Bibel mit einer fast königlichen Würde und Aufgabe betraut: Menschen so zu führen und mit der ganzen Existenz dafür einzustehen, daß Leben in Versöhnung und Frieden blühen kann.

Der Mann Mose wird noch mancherlei Ängste durchstehen müssen. Er wird auch „umfallen" (Numeri 14,5), aber er wird über all dem nicht zum „Knecht der Angst" werden.

Und wer leidet mit den untergegangenen Ägyptern? Es ehrt die Befreiten, daß sie sich nicht zufriedengeben damit, den Peinigern entronnen zu sein. Kein dumpfer Freiheitstaumel und überschäumendes „Wir sind die Sieger"! Die Erzähler Israels denken so groß, daß sie diese Geschichte weiterspinnen im Himmel und Legenden und Bräuche hinzufügen über die biblische Überlieferung hinaus. Als die Engel im Himmel tanzten, wird erzählt, so wie unten am Schilfmeer die Frauen mit der Prophetin Mirjam auf die Pauke schlugen und tanzten (Exodus 15,20f), habe Gott seine Engel zurechtgewiesen und ihnen gesagt: Tanzt nicht, solange es mich noch das Blut meiner Menschengeschöpfe kostet, um die Kinder Israel in die Freiheit zu führen! – Und nach altem Brauch werden bei der Feier des Pascha einige Tropfen Wein verschüttet aus dem festlichen Glas. Denn der Becher der Freude darf solange nicht bis zur Neige ausgetrunken werden, wie auf Erden die Freiheit der einen mit dem Leben der anderen bezahlt werden muß.

9

Lebenskampf

Exodus / 2 Mose 17, 8–13

Als Amalek kam und in Refidim den Kampf mit Israel suchte, sagte Mose zu Josua: Wähl uns Männer aus, und zieh in den Kampf gegen Amalek! Ich selbst werde mich morgen auf den Gipfel des Hügels stellen und den Gottesstab mitnehmen. Josua tat, was ihm Mose aufgetragen hatte, und kämpfte gegen Amalek, während Mose, Aaron und Hur auf den Gipfel des Hügels stiegen. Solange Mose seine Hand erhoben hielt, war Israel stärker; sooft er aber die Hand sinken ließ, war Amalek stärker. Als dem Mose die Hände schwer wurden, holten sie einen Steinbrocken, schoben ihn unter Mose, und er setzte sich darauf. Aaron und Hur stützten seine Arme, der eine rechts, der andere links, so daß seine Hände erhoben blieben, bis die Sonne unterging. So besiegte Josua mit scharfem Schwert Amalek und sein Heer.

„Da kam Amalek und kämpfte gegen Israel in Refidim" (Exodus 17, 8). Das hört sich an wie zwei Namen, zwei Personen in Gegnerschaft, im Kampf. Wie ist es denn mit dem Kämpfen im Lebenslauf? Mußte ich um Anerkennung kämpfen im Geschwisterkreis? Um einen Schulabschluß, um eine bestimmte Ausbildung? Muß ein Mann eine Frau „erobern", müssen beide um Liebe kämpfen und Beziehung? Gab und gibt es nicht nur unpersönlichen Gegenwind, sondern persönliche Gegner in meinem Leben, Menschen, die sich mir in den Weg stellen, „Feinde"?

In der Bibel ist das kein Widerspruch: einerseits die Rede vom treu sorgenden Gott und auf der anderen Seite das nüchterne Wissen: Ein Mensch, ein Volk muß seinen Weg selbst gehen und erkämpfen. Auf dem Weg durch die Wüste, durch widrige, gegnerische Natur muß Israel seine Schlachten selber schlagen. Vielleicht steckt als uralte Erinnerung dahinter, daß Wasserstellen und Weideplätze in der Steppe knapp waren, umkämpfte Lebensgrundlagen für die Nomadenstämme der Frühzeit. Israel ist gerettet vor dem sicheren Tod durch die ägyptische Übermacht, und dennoch beginnt jetzt erst der Kampf ums Dasein. Aber es ist kein Kriegsbericht, diese Kampfgeschichte, und nicht die trostlose Weisheit, daß eben der Stärkere siegt und man sich durchsetzen muß im Leben, – wie es beschämenderweise ja tagtäglich reiche gegenüber armen Völkern tun, Weiße gegenüber Schwarzen. Diese Geschichte will nicht eine traurige Realität abbilden, die im Kern unverändert ist bis heute. Vielmehr ist es eine typische Geschichte. Sie steht für die Wahrheit: Leben in Freiheit heißt nicht Schlaraffenland. Freiheit hat vielmehr immer auch Feinde.

Die *Feinde von außerhalb* fallen leichter ins Auge beim Lebenskampf: Nennen wir sie Konkurrenz, Rivalen, nennen wir sie Kultureinflüsse, etwa die sanfte Verwöhnung und Entmündigung durch eine Kultur der Massenmedien, des bloßen Zuschauens, gesteuert von Marktmechanismen. Die Freiheit – immer auch Aufforderung! – zum Mitwirken verkommt allmählich zur bloßen Freiheit der Auswahl, der Programmwahl.

Aber der Lebenskampf gilt genauso den *Feinden in mir selbst,* – heißen sie Trägheit, heißen sie ungeduldige Gier, die an keine Zukunft denken mag, heißen sie, religiös gesprochen, Unbußfertigkeit. Man mag nicht ablassen von der einmal gewohnten, wenn auch stupiden Lebensweise, und lägen manche Folgen, etwa für die Umwelt, noch so deutlich zutage. Hat es mit diesem „Lebenskampf nach innen" zu tun, daß der Epheserbrief von einer geistlichen Waffenrüstung als Ausstattung für Christen redet (Epheser 6, 10–20)?

Der „letzte Feind" ist nach der Bibel der Tod. Er beendet den Lebenskampf. Aber indem der Tod „Feind" genannt wird und nicht Naturgesetz, Schicksal oder Tor zu endlosen Wiederverkörperungen, ist Raum geschaffen für den Glauben, daß selbst dieser „letzte Feind" (1 Korinther 15, 26) einmal besiegt sein wird.

Wo wird der Lebenskampf Israels entschieden? Nicht unten in der Ebene, wo sie verstrickt sind ins Kampfgetümmel, sondern oben auf dem Hügel, von außerhalb eben. Die betenden Hände des Mose, ausgebreitet gen Himmel, – sagen sie: Für den Lebenskampf brauchen wir Stärkung von oben? Oder nimmt die Gebetshaltung vorweg, was das Herz noch gar nicht zu glauben wagt: emporgehobene Hände im großen Erlösungsschrei, so als sei schon gesiegt?

Was Mose wohl gesagt, gedacht und empfunden haben mag bei diesem kämpfenden Beten? Es gibt Menschen, die um ihr Leben kämpfen in einer Krankheit, einer Todesbedrohung. Sie kennen das, dieses inständige Bitten, dieses Zwingenwollen des doch Unbezwingbaren, dieses verzweifelte Drohen fast: „Gott, du mußt unbedingt helfen, sonst ...". Menschen in ihrem Überlebenskampf sind auf jene rückenstärkende Arbeitsteilung besonders angewiesen, wie sie diese Geschichte zeigt: Die einen kämpfen, die anderen beten für sie. Hier Getümmel, Keuchen, Schmerzen auch, – dort Stille, die manchmal nicht weniger schmerzhaft ist.

Mose lehrt uns Lebenskämpfer und -kämpferinnen, auf den „Kampfesdienst der Stille" zu achten und auch darauf, daß einer nicht beides tun und können muß. Es gibt Menschen, die je und dann zu einem solchen Mosedienst berufen sind. Berufen, engagiert hinter kämpfenden und leidenden Menschen zu stehen, um ihnen Rückhalt zu geben mit dem, was sie nicht aus sich selbst haben, sondern nur erbitten und empfangen können. Wahrscheinlich lebt ein Mensch mehr, als er ahnt, davon, daß andere Menschen solche Mosedienste für ihn durchhalten.

Aber auch Mose schafft diesen Dienst nicht allein. Aaron und Hur stehen ihm bei, stützen die Hände. Eine bildhafte Warnung vor dem Ideal des „begnadeten Beters", vor der besonderen priesterlichen Gestalt, des bevollmächtigten Wunderheilers womöglich. Vielmehr dies: In der Gemeinschaft liegt der Segen der Fürbitte. Es ist nicht von ungefähr, daß auch Jesus lehren wird, „*unseren* Vater" anzurufen und um „*unser* tägliches Brot" zu bitten. Und auch er hat für seinen letzten nächtlichen Lebenskampf drei Helfer mitgenommen zum Wachen und Beten im Garten Getsemani. Sie blieben ihm allerdings die Unterstützung schuldig.

In der Tat geht der Blick von Mose, der seine Hände aufhebt im Gebetskampf, hin zu dem Menschen, der seine Arme erhoben hielt bis zum bitteren Ende, für uns, zum Leben. Und – er konnte sie nicht sinken lassen am Kreuz.

10

Wer ist der Wichtigste?

Exodus / 2 Mose 18, 13–27

Am folgenden Morgen setzte sich Mose, um für das Volk Recht zu sprechen. Die Leute mußten vor Mose vom Morgen bis zum Abend anstehen. Als der Schwiegervater des Mose sah, was er alles für das Volk zu tun hatte, sagt er: Was soll das, was du da für das Volk tust? Warum sitzt du hier allein, und die vielen Leute müssen vom Morgen bis zum Abend vor dir anstehen? Mose antwortete seinem Schwiegervater: Die Leute kommen zu mir, um Gott zu befragen. Wenn sie einen Streitfall haben, kommen sie zu mir. Ich entscheide dann ihren Fall und teile ihnen die Gesetze und Weisungen Gottes mit.

Da sagte der Schwiegervater zu Mose: Es ist nicht richtig, wie du das machst. So richtest du dich selbst zugrunde und auch das Volk, das bei dir ist. Das ist zu schwer für dich; allein kannst du es nicht bewältigen. Nun hör zu, ich will dir einen Rat geben, und Gott wird mit dir sein. Vertritt du das Volk vor Gott! Bring ihre Rechtsfälle vor ihn, unterrichte sie in den Gesetzen und Weisungen, und lehre sie, wie sie leben und was sie tun sollen. Du aber sieh dich im ganzen Volk nach tüchtigen, gottesfürchtigen und zuverlässigen

Männern um, die Bestechung ablehnen. Gib dem Volk Vorsteher für je tausend, hundert, fünfzig und zehn! Sie sollen dem Volk jederzeit als Richter zur Verfügung stehen. Alle wichtigen Fälle sollen sie vor dich bringen, die leichteren sollen sie selber entscheiden. Entlaste dich, und laß auch andere Verantwortung tragen! Wenn du das tust, sofern Gott zustimmt, bleibst du der Aufgabe gewachsen, und die Leute hier können alle zufrieden heimgehen.

Mose hörte auf seinen Schwiegervater und tat alles, was er vorschlug. Mose wählte sich tüchtige Männer in ganz Israel aus und setzte sie als Hauptleute über das Volk ein, als Vorsteher für je tausend, hundert, fünfzig und zehn. Sie standen dem Volk jederzeit als Richter zur Verfügung. Die schwierigen Fälle brachten sie vor Mose, alle leichteren entschieden sie selber.

Mose verabschiedete seinen Schwiegervater, und dieser kehrte in sein Land zurück.

Eine Geschichte für Berufstätige. Mose in der Ausübung seines Berufs. Er ist Richter und sitzt auf dem Richterstuhl. Das Volk umringt ihn mit all den Streitfällen und Anliegen den lieben langen Tag. Es ist schön, so gefragt zu sein. Ein Mensch wird wichtig durch die Fähigkeiten und Kompetenzen, die er hat. Mose hat etwas zu sagen. Und zugleich ist es erschöpfend, ein gefragter Mensch zu sein. Nicht nur Menschen in Helferberufen kennen das, wie bedrängt, genervt und gehetzt man sich fühlen kann am Ende eines Arbeitstages.

Es kommt Besuch. Der Schwiegervater und Freund

Jitro. Er bringt Bewegung in den Routinealltag des Richters Mose. Jitro stellt ihm eine Frage, urteilt über sein Tun und gibt eine Empfehlung.

„Was soll das, was du da für das Volk tust?" Ja, was tun wir, indem wir nichts anders tun als eben unsere Arbeit? Das muß in der Regel ein Außenstehender fragen, ein Besucher. Er kann sich noch wundern, und wenn er freundschaftlich verbunden ist, wirkt sein Fragen nicht herablassend oder verletzend. Mose antwortet: „Die Leute kommen zu mir, um Gott zu befragen." Als heilige Pflicht sieht er seine Aufgabe an, nicht einfach als Job. Es geht um die Beziehungen, um Streitigkeiten der Leute, und es geht um den Willen Gottes als Maßstab.

Erstaunlich, daß die Bibel so viel Aufhebens macht von solch vermeintlich „unproduktiven" Tätigkeiten wie der Beziehungspflege! Kommt es in unserer Arbeitswelt nicht in erster Linie auf die Produkte an, und werden in der Rechnung einer Volkswirtschaft Lebens-Mittel im weitesten Sinne nicht wichtiger genommen als Fragen eines pfleglichen Lebensstils? Mose dagegen als der erste „Beziehungspfleger" des Volks. Es ist eine heilige Aufgabe, Menschen in einen Lebensstil einzuweisen, der ihnen selbst und Gott und der Schöpfung entspricht.

„Es ist nicht gut, wie du das tust." So lautet die Beurteilung. Der Schwiegervater Jitro stellt nicht die Aufgabe in Frage, sondern die Art der Ausführung, das Wie. Es ist eine alte Erfahrung: Wer nur auf seine Arbeit achtet, vernachlässigt sich selber, wird müde, auf-

gerieben, ausgebrannt. Indem er sich ständig überfordert, wird er andere mit überfordern. Der Recht sprechende Richter kann den Menschen nicht mehr „gerecht" werden. Das Geben und Nehmen ist aus dem Gleichgewicht geraten. Das Geschäft der Beziehungspflege ist zu schwer, um es allein auf eine Schulter zu legen.

„Allein kannst du es nicht bewältigen." Das kann schon ans Selbstwertgefühl gehen, kann den Mann kränken, der doch einen großen Teil seines Selbstbewußtseins bezieht aus seinen Fähigkeiten, seiner Kraft. Kompetenzen abgeben oder gar Hilfe holen, Aufgaben teilen fällt nicht wenigen unerwartet schwer.

Der freundschaftliche Organisationsberater Jitro, der erste „Supervisor" der Bibel – im Neuen Testament wird man später für diese Aufgabe die griechische Bezeichnung „episkopos" verwenden, die zum deutschen Lehnwort „Bischof" wurde –, Jitro bleibt nicht bei der Beurteilung des Arbeitsstils stehen, sondern gibt eine Empfehlung:

„So mach dir's leichter und laß sie mit dir tragen." Aufgabenteilung ist das Zauberwort. Einrichtung einer sinnvollen und durchlässigen Hierarchie, in der jede Ebene klare Aufgaben und Kompetenzen hat. Wichtig ist dabei die Auswahl der Lebensfragen, die Mose sich selbst zur Entscheidung vorbehält. Es braucht Weisheit, das Wichtige vom Unwichtigen zu unterscheiden und sich nicht unnötig zu verzetteln. Delegieren heißt nicht, sich um die Verantwortung zu drücken, sondern vielmehr die Bedingungen zu

schaffen, daß ein Mensch in Führungsposition Verantwortung tragen kann – auf menschliche Weise, die allen zuträglich ist. Unterirdisch, unbewußt geht es dabei auch um die Begrenzung von Macht. Mose muß Macht abgeben. Er hat sie nur als begrenztes Mandat übertragen bekommen.

Mose hört jenes freundschaftliche „Nimm-dich-nicht-so-wichtig" wohl, mit dem sein Schwiegervater Jitro den Allzuständigkeitswahn und beginnenden Gotteskomplex bei ihm in gesunde Schranken weist. Mose kann hören, und das zeichnet eine gute Führungskraft aus. Er hat das, worum auch ein Salomo bitten wird: ein „hörendes Herz" (1 Könige 3,9). Die Führungspersönlichkeit ist so demütig, daß sie hört, „gehorcht" (Exodus 18,24 in der Luther-Übersetzung) und Rat annimmt.

Die Aufgabe der Beziehungspflege hat Vorrang vor der Pflege des männlichen Selbstbewußtseins, das sich aus der Fülle seiner Aufgaben und Kompetenzen nähren will. Nicht zufällig kommt die Rede jetzt auf den Frieden: „Dies ganze Volk kann mit Frieden an seinen Ort kommen" (Exodus 18,23). Das meint nicht nur den großen, ersehnten Heilszustand „Schalom", sondern schlichtweg auch Zufriedenheit im Arbeitsalltag.

Der Ratgeber, Jitro, verschwindet aus der Szene, wie ein Engel, der seinen Auftrag ausgerichtet hat. Jitro wird nicht mehr genannt werden in der Bibel. Doch zurückbleibt ein neuer Geist in der hohen und schwierigen Aufgabe, Menschen zu führen und zu befrieden.

11

Auf der Höhe

Exodus / 2 Mose 19, 1–17

*I*m dritten Monat nach dem Auszug der Israeliten aus Ägypten – am heutigen Tag – kamen sie in der Wüste Sinai an. Sie waren von Refidim aufgebrochen und kamen in die Wüste Sinai. Sie schlugen in der Wüste das Lager auf. Dort lagerte Israel gegenüber dem Berg. Mose stieg zu Gott hinauf.

Da rief ihm der Herr vom Berg her zu: Das sollst du dem Haus Jakob sagen und den Israeliten verkünden: Ihr habt gesehen, was ich den Ägyptern angetan habe, wie ich euch auf Adlerflügeln getragen und hierher zu mir gebracht habe. Jetzt aber, wenn ihr auf meine Stimme hört und meinen Bund haltet, werdet ihr unter allen Völkern mein besonderes Eigentum sein. Mir gehört die ganze Erde, ihr aber sollt mir als ein Reich von Priestern und als ein heiliges Volk gehören. Das sind die Worte, die du den Israeliten mitteilen sollst.

Mose ging und rief die Ältesten des Volkes zusammen. Er legte ihnen alles vor, was der Herr ihm aufgetragen hatte. Das ganze Volk antwortete einstimmig und erklärte: Alles, was der Herr gesagt hat, wollen wir tun. Mose überbrachte dem Herrn die Antwort des Volkes.

Der Herr sprach zu Mose: Ich werde zu dir in einer dichten Wolke kommen; das Volk soll es hören, wenn ich mit dir rede, damit sie auch an dich immer glauben. Da berichtete Mose dem Herrn, was das Volk gesagt hatte. Der Herr sprach zu Mose: Geh zum Volk! Ordne an, daß sie sich heute und morgen heilig halten und ihre Kleider waschen. Sie sollen sich für den dritten Tag bereithalten. Am dritten Tag nämlich wird der Herr vor den Augen des ganzen Volkes auf den Berg Sinai herabsteigen. Zieh um das Volk eine Grenze und sag: Hütet euch, auf den Berg zu steigen oder auch nur seinen Fuß zu berühren. Jeder, der den Berg berührt, wird mit dem Tod bestraft. Keine Hand soll den Berg berühren. Wer es aber tut, soll gesteinigt oder mit Pfeilen erschossen werden; ob Tier oder Mensch, niemand darf am Leben bleiben. Erst wenn das Horn ertönt, dürfen sie auf den Berg steigen.

Mose stieg vom Berg zum Volk hinunter und ordnete an, das Volk solle sich heilig halten und seine Kleider waschen. Er sagte zum Volk: Haltet euch für den dritten Tag bereit! Berührt keine Frau! Am dritten Tag, im Morgengrauen, begann es zu donnern und zu blitzen. Schwere Wolken lagen über dem Berg, und gewaltiger Hörnerschall erklang. Das ganze Volk im Lager begann zu zittern. Mose führte es aus dem Lager hinaus Gott entgegen. Unten am Berg blieben sie stehen.

Vom Aufstieg des Mose handelt diese Geschichte und von der „Karriere" des Volks. Es sind die Vorbereitungen zu treffen, daß Gottes zehn große Worte, die

Zehn Gebote (Exodus 20), feierlich seinem Volk überbracht werden können. Mose darf die Wege zwischen Gott und Mensch gehen, ein Grenzgänger, ein Brückenbauer. Nicht er ist Gesetzgeber, so sehr das Thema Gerechtigkeit in seine Seele eingebrannt ist. Gott gibt seine gültigen Worte selbst, so bekennt das alte Israel.

Diese Worte wären zu eng und aufs Moralische eingeschränkt verstanden als Gebote nur und Verbote. Sie sind vielmehr Lebenserlaubnisse und Schutzgeländer, die bewahren wollen vor den Abgründen eines Menschenwesens ohne Gott. Die Karriere, die Gott dem Volk anbietet erfahren wir in Vers 6: „Ihr sollt mir ein Königreich von Priestern und ein heiliges Volk sein." Aber wie werden Menschen zu Heiligen? Und nun gleich ein ganzes Volk? Auf keinen Fall durch irgendeine Art von „außerordentlicher moralischer Anstrengung". Vielmehr ist es so, daß sich ein heiliger Wille auf dieses Volk legt. Ja, Gott der Heilige hält um die Hand Israels an. Er will ein gegenseitiges Bündnis der Liebe und Treue eingehen. Gottes freies Beziehungsangebot macht Menschen, macht das Leben heilig.

Vier Fragen werden im Lauf dieses Geschehens beantwortet. Fragen nach dem wesentlichen Unterschied zwischen einem Leben ohne Gott und einem Leben mit ihm, einem von Gott geheiligten Leben.

Die erste Frage: *Wer trägt mich?*

Einen langen Weg durch die Wüste hat das Volk inzwischen hinter sich. Gefahren, Bewährungsproben, die sie nicht alle bestanden haben. Manchmal wollten sie aufgeben, hatten innere und äußere Widerstände zu überwinden. Eben einen Weg sind sie gegangen, mit äußeren Hindernissen und inneren Widerständen wie manchen Lebens- und Berufsweg in seinem Auf und Ab. Und das macht einen Menschen gewichtig. Ein Meister steht anders da als ein Lehrling, ein Älterer anders als ein Achtzehnjähriger. Es ist Lebenserfahrung, die einem Menschen Gewicht gibt, und Lebenserfahrung gewinnt nur, wer unterwegs ist, bereit, äußere und vor allem auch innere Wege zu gehen.

Aber manchmal nützt einem Menschen alle Lebenserfahrung nichts mehr. Er ist am Ende seiner Kraft, seines Mutes, seiner Geduld. Was hilft dann weiter? „Ihr habt gesehen, wie ich euch getragen habe auf Adlerflügeln" (Exodus 19, 4). Menschen brauchen die Erfahrung, daß sie manchen Schritt nicht aus eigener Kraft gehen müssen, sondern daß sie gehalten und getragen sind von Begleitern, Freunden, Seelsorgern, – gehalten von Gott. Daß ein Mensch sich darauf verläßt: Das Schwere meines Lebens muß nicht ich alleine tragen, die Schwere meines Lebens nimmt Gott in seine Hände, – dies unterscheidet einen heiligen vom sich selbst genügenden Menschen.

Die zweite Frage: *Wem gehöre ich?*

Seltsam, diese Frage ausgerechnet beim Buch Exodus zu stellen. Denn Exodus, Auszug aus der Sklaverei, steht doch für den Weg in die Freiheit, in die Mündigkeit. Als mündiger Mensch gehöre ich aber niemandem außer mir selbst, oder nicht? Ja, gerade dort, wo

Menschen dies nicht respektieren, sondern einander besitzen wollen, entsteht viel Not und Zerwürfnis: zwischen Eltern und Kindern, zwischen Frauen und Männern, zwischen Chefs und Angestellten. Mündig wollen und müssen wir sein, – und der mündige Mensch gehört sich selbst. Aber das Nein zu Unmündigkeitsverhältnissen schafft noch nicht aus sich heraus das Gute. Gott will mündige Menschen, die in Freiheit seine Stimme hören und seinen Bund halten (Exodus 19, 5).

Nicht das Selbstgespräch der Seele mit ihren tiefen Schichten oder auch Verwundungen, so erhellend und lösend es im Einzelfall auch sein mag, macht einen Menschen letztgültig frei. Zur Freiheit werden wir vielmehr „berufen" durch eben jenes Angebot eines „Ehebundes mit Gott". Wer um die Hand eines geliebten Menschen anhält, macht ihn zu etwas ganz Besonderem. Vor allen Menschen bevorzugt er die oder sie den eine(n). In diesem Sinne sind alle geliebten Menschen gewissermaßen ausgesondert, einmalig, keine Massenartikel, trotz der gegenteiligen Meinung in unserer Zeit, daß es auf den einzelnen nicht ankomme. Er sei nur eine Nummer, ein Rädchen.

Nein, widerspricht die Stimme Gottes. Du bist nicht wie alle anderen, du bist ein ganz besonderer Mensch, denn ich habe dich bei deinem Namen gerufen, du bist mein, du gehörst zu mir. Heiligkeit hat immer mit Grenzen zu tun. Der Gegenbegriff wäre „profan", und das meint all das, was außerhalb der Grenzen, des heiligen Bezirkes ist. Alles, was nun eben nichts Besonders mehr ist. Heiligkeit hat mit

Grenzen zu tun, die die Liebe Gottes setzt, um meine Menschenwürde zu wahren. Und ein heiliges Volk ist jenes, das seine Grenzen kennt und anerkennt, weil es weiß, zu wem es gehört.

Die dritte Frage: *Wo finde ich Gott?*

Antwort: im Guten, Wahren und Schönen des Lebens, – so ist es jedenfalls ein weit verbreiteter und durch manche Erfahrungen auch eingelöster Wunsch. Das Wolkendunkel, in dem Gott erscheint (Exodus 19,9), sagt etwas anderes, nämlich: Gott ist größer als unsere Wünsche. Er umfaßt auch das, was wir das Negative nennen. „Der Herr tötet und macht lebendig" (1 Samuel 2,6).

Wie ist das mit den Erfahrungen des Unbegreiflichen in meinem eigenen Leben? Es gibt ebenso unbegreiflich Schönes wie unbegreiflich Schweres. Sollte überall Gott anwesend sein, das Wolkendunkel der Unbegreiflichkeit? Es bahnt sich die Probe an, an der auch Israel scheitern wird: die Unbegreiflichkeit Gottes, angesichts derer sich Menschen lieber mit einem selbstkonstruierten und darum begreifbaren goldenen Kalb zufrieden geben. Aber es kann sein, daß Gott gerade auch in seiner Verborgenheit darauf wartet, daß Menschen ihn suchen durchs Wolkendunkel ihres Lebens hindurch.

Eine jüdische Geschichte erzählt so: Rabbi Baruchs Enkel spielte mit einem anderen Buben Verstecken. Lange wartete er, daß ihn der andere suche. Aber schließlich mußte er merken: Der Spielkamerad hatte ihn von Anfang an nicht gesucht. Weinend kam er in die Stube seines Großvaters gelaufen und beklagte sich. Da flossen auch dem Rabbi Baruch die Augen über, und er sagte: Genau so spricht Gott: Ich verberge mich, aber keiner will mich suchen!

Die vierte Frage: *Was gibt mir Schutz?*

Die vorläufige Antwort aus dieser Geschichte: Die Gemeinschafts-Mentalität, das Zugehörigkeitsgefühl, die klaren Grenzen und die Unterscheidung, wer mit mir ins eigene Lager gehört, auch politisch oder kirchlich gesehen. Das eigene Lager gibt Schutz.

Aber – so nötig vertraute Menschen, vertraute Gedanken, vertraute Glaubensformulierungen auch sein mögen, – ein Lagerdenken schützt nicht nur, sondern begrenzt, grenzt aus und macht unfrei. So führt es nicht zur ganzen Wahrheit, und nur „die Wahrheit wird euch freimachen" (Johannes 8, 32). Es ist daher gut, daß ein Mose da ist, der das Volk herausführt aus dem Lager (Exodus 19, 17). Genau dies meint der Hebräerbrief, wenn er die Gemeinde aufruft: „So laßt uns nun zu Jesus hinausgehen aus dem Lager" (Hebräer 13, 13). Denn nur draußen, jenseits der Lagergrenzen, kommt es zur Begegnung mit Gott. Jenseits der Lagergrenzen wartet der Gott, der seine Heiligen lehren will, auf den Schutz ihres vertrauten Horizonts zu verzichten, damit sie Freiheit erfahren und göttliche Weite.

12

In der Klemme

Exodus / 2 Mose 33, 11–23

Der Herr und Mose redeten miteinander Auge in Auge, wie Menschen miteinander reden. Wenn Mose aber dann ins Lager zurückging, wich sein Diener Josua, der Sohn Nuns, ein junger Mann, nicht vom Zelt. Mose sagte zum Herrn: Du sagst zwar zu mir: Führ dieses Volk hinauf! Du hast mich aber nicht wissen lassen, wen du mitschickst. Du hast doch gesagt: Ich kenne deinen Namen und habe dir meine Gnade geschenkt. Wenn ich aber wirklich deine Gnade gefunden habe, so laß mich doch deinen Weg wissen! Dann werde ich dich erkennen, und es wird sich bestätigen, daß ich deine Gnade gefunden habe. Sieh diese Leute an: Es ist doch dein Volk!

Der Herr antwortete: Mein Angesicht wird mitgehen, bis ich dir Ruhe verschafft habe. Mose entgegnete dem Herrn: Wenn dein Angesicht nicht mitgeht, dann führ uns lieber nicht von hier hinauf! Woran soll man erkennen, daß ich zusammen mit deinem Volk deine Gnade gefunden habe? Doch wohl daran, daß du mit uns ziehst. Und dann werden wir, ich und dein Volk, vor allen Völkern auf der Erde ausgezeichnet werden.

Der Herr erwiderte Mose: Auch das, was du jetzt verlangt hast, will ich tun; denn du hast nun einmal meine Gnade gefunden, und ich kenne dich mit Namen. Dann sagte Mose: Laß mich doch deine Herrlichkeit sehen! Der Herr gab zur Antwort: Ich will meine ganze Schönheit vor dir vorüberziehen lassen und den Namen des Herrn vor dir ausrufen. Ich gewähre Gnade, wem ich will, und ich schenke Erbarmen, wem ich will. Weiter sprach er: Du kannst mein Angesicht nicht sehen; denn kein Mensch kann mich sehen und am Leben bleiben. Dann sprach der Herr: Hier, diese Stelle da! Stell dich an diesen Felsen! Wenn meine Herrlichkeit vorüberzieht, stelle ich dich in den Felsspalt und halte meine Hand über dich, bis ich vorüber bin. Dann ziehe ich meine Hand zurück, und du wirst meinen Rücken sehen. Mein Angesicht aber kann niemand sehen.

Mose hat es gut. Der Herr redet mit ihm „von Angesicht zu Angesicht, wie ein Mann mit seinem Freund" (Exodus 33, 11 in der Luther-Übersetzung). Ihm sind unmittelbare Gotteserfahrungen und Gottesbegegnungen geschenkt. Diese hohe Auszeichnung – Mose, der Freund Gottes – blieb etwas Einmaliges. Paulus redet vom Gegenteil, von einer Zeit, „als wir noch Feinde Gottes waren" (Römer 5, 10). Unmittelbare Gotteserfahrung ist nicht die Regel. Der Regelfall scheint eher das zu sein, was Dietrich Bonhoeffer einmal so ausgedrückt und erlitten hat: „Die Unsichtbarkeit Gottes macht uns kaputt." Daß einem Glauben vergehen kann über der Unsichtbarkeit Gottes, das kennt mancher Mensch, der sich abzappelt in seinem Geschick, ohne Wunder, ohne gnädiges Zeichen, so als ob es Gott nicht gäbe.

Moses Wunsch dort am Sinai, findet er nicht tausendfaches Echo bis in unsere Zeit? „Laß mich deine Herrlichkeit sehen" (Exodus 33,18), – Gott, bleib doch nicht im Unsichtbaren! Wenn ich Heilung erfahren dürfte an meinem kranken Leib, wenn es mit meinen Depressionen besser würde, wenn das schreiende Unrecht der Kriege und der Hungertoten an ein Ende käme, dann, ja dann könnte ich glauben. Der Wunsch aus der Tiefe jeder Menschenseele: Gott, zeige deine Herrlichkeit doch so, daß mein Schweres nicht mehr so schwer ist, daß mein Leben leichter wird und unkomplizierter durch meinen Gottesglauben. Die Seele will irgendwo eine Wirkung zu sehen und zu spüren bekommen, um glauben zu können.

Aber genau damit haben sich Menschen ein goldenes Kalb gegossen. Die Menschen zur Zeit Moses wollten ja nicht einfach abfallen von ihrem Gott. Im Gegenteil, sie wollten endlich wieder handfest glauben können. Allzulange war Gott verhüllt in der Wolke und Mose bei ihm. Die Unsichtbarkeit Gottes machte sie kaputt, und so versuchten sie, Gott dingfest zu machen an irgendeiner Stelle in ihrem Leben.

Das mit dem Stierbild, von dem das dramatische Kapitel Exodus 32 erzählt, ist so überholt nicht, denn der kräftige Stier steht für Erfolg und Tüchtigkeit, steht – neuzeitlich gesprochen – für Verheißungen nach dem Motto: Mit Gott, da wirst du ein erfolgreicherer Geschäftsmann, ein besserer Manager, ein liebevollerer Vater, – kurzum, einfach lebenstüchtiger wirst du mit Gott. Dies, daß aus dem Glauben ein anschaubarer Nutzen gezogen werden soll, nennt die Bibel „Goldenes Kalb". Wer wäre hier nicht insgeheim mit von der Partie beim Tanz?

„Laß mich deine Herrlichkeit *sehen*", bittet Mose. Die Antwort, die er bekommt, ist eine Alternative zum Goldenen Kalb. Sie liegt in zwei kleinen Sätzen, die Gott ihm sagt.

„Ich kenne dich mit Namen" (Exodus 33, 17). Damit wird an die urpersönliche Geschichte gerührt, die jeder Mensch mit seinem Namen hat. Eigenartig ist es ja schon: Mein Allerpersönlichstes, der Name, ist gar nicht aus mir. Den Namen muß jeder Mensch entgegennehmen. Name ist das, was ich mir selbst nicht geben, sondern ursprünglich und unbedingt nur nehmen kann und muß, – hinnehmen, was andere, die Eltern, mir geben. Da war eine Mutter, die etwas von dem geheimnisvoll Verpflichtenden unseres Namens spürte, als sie sich, wie zu lesen stand, weigerte, ihrem Kind einen festen Namen zu geben. Vierzehn Vornamen wollte sie statt dessen beim Standesamt eintragen lassen, damit das Mädchen später selbst einmal wählen könne, wie es heißen will.

„Ich kenne dich mit Namen", sagt Gott zu Mose. Mose, – „der aus dem Wasser Gezogene" bedeutet dieser Name, in Anklängen der hebräischen Sprache. Mose, nun sollst du selbst ein Herausziehender sein, sollst das Volk aus der Knechtschaft in die Freiheit herausziehen. Wegziehen mußt du deine Leute von ihrem Drang, sich an das Sichtbare zu hängen, an die kleine Sicherheit um den Preis der Knechtschaft, ans Rundumversorgtsein und den vollen Bauch. Wegziehen mußt du sie in die Wüste, wo man nichts sieht, – oder wo man anfängt, das Wesentliche zu sehen, das, was für die Augen unsichtbar ist.

Mose, du Herausgezogener, du Herausziehender, ich kenne dich mit Namen. Dies ist wie ein Vorspiel der Taufe, in der dem Menschen – im Namen Gottes – auf den Kopf zugesprochen werden darf sein heiliges „Ich habe dich bei deinem Namen gerufen, du bist mein" (Jesaja 43, 1). Das sagt der Gott, der als einziger seinen Namen nicht von jemand anderem hat und nehmen muß, sondern der ihn sich selbst gibt und sich in diesem Namen zeigt und verbirgt.

Ähnlich geheimnisvoll offenbarend bekommt Mose es hier zu hören, wie damals am Dornbusch jenes „Ich werde sein, der ich sein werde", ich bin der „Ich-bin-da". Hier nun der Gottesname konkreter und doch ungreifbar bleibend: „Wem ich gnädig bin, dem bin ich gnädig, und wessen ich mich erbarme, dessen erbarme ich mich" (Exodus 33, 19). Ein unwiderruflicher Leitton. Es geht um Gnade und Erbarmen bei diesem lebendigen Gott. Und zugleich wahrt Gott seine Freiheit, ist in Freiheit gnädig, jedoch niemals einzuplanen und einzubauen in gut gemeinte und durchaus fromme Lebensentwürfe. Der in Freiheit gnädige Gott läßt sich nicht zum Problemlöser degradieren.

Das ist hart. Die Rechnung mit Gott, sie geht für Menschen nicht auf. Denn zwischen unserer Rechnung und Gottes Heiligkeit steht, nein, brennt das Feuer vom Sinai, das verzehrende Licht. Dieses Licht bringt unser selbstbezogenes Leben mit allem Irrtum und aller Schein-Heiligkeit an den Tag. Das Feuer des Gerichts, d. h. der wahren Erkenntnis ist es, das eine allzu glatte Rechnung mit Gott verhindert. „Mein Angesicht kannst du nicht sehen, denn kein Mensch wird leben, der mich sieht" (Exodus 33,20)

Der zweite kleine Satz offenbart, daß es gerade auch in der verzehrenden Helligkeit des Erkennens um die Herrlichkeit des gnädigen Gottes geht: *„Siehe, es ist ein Raum bei mir"* (Exodus 33,21 in der Luther-Übersetzung). Der soeben seinen Menschenfreund Mose zurückgewiesen hat, zeigt sich als geradezu zärtlich besorgt um ihn. Du geplagter Menschenfreund, beim lebendigen Gott ist Raum für dich. Der Gott, den du nicht siehst, gibt dir den Lebensraum. Ja, mehr noch, er hält seine Hand über dich, gerade dann, wenn du dich vor ihm in die Felskluft zurückziehst, – ein Mensch in der Klemme und Gottes Hand über ihm. Dunkel ist es um Mose dort in der Enge, aber Gott ist ihm niemals näher als gerade da.

Dunkel ist es vielleicht um Kranke und Leidende, schwarz die persönliche Zukunft eines Menschen nach einem schweren Schlag, düster die Zukunft unserer geschundenen Erde, dunkel wie bei Mose im Felsloch. Aber was, wenn der barmherzige Gott gerade Menschen in der Klemme ganz nahe wäre? Wenn gerade sie einen besonderen Raum bei Gott hätten? Ein dunkler Raum oft, in dem man lebt, in dem man vielleicht auch stirbt, – aber beides nicht einfach so, sondern unter Gottes Hand.

Mose durfte diesmal auferstehen aus seiner dunklen Klemme unter Gottes Hand. Die Unsichtbarkeit Gottes hat ihn nicht kapitulieren lassen, kaputtgemacht, sondern gerettet, und Mose darf wegweisend für alle an die Tiefe jeder Gottesbegegnung rühren und erkennen: Der heilige Gott ist nicht hier oder da, so daß Menschen ihn zeigen oder haben könnten. Der heilige Gott ist vielmehr dermaßen lebendig, daß er immer schon vorausgegangen ist. Menschen erkennen ihn nur im Nachhinein, von hinten in ihrem Leben. Vielleicht so, als einer im Auto noch einmal mit dem Schrecken davongekommen ist. Da war Gottes Hand über der Klemme. Oder auch so, daß mancher Mensch durchaus nicht mehr herauskommt aus seiner Klemme, sondern ihm ein Leiden, eine Behinderung bleibt und er das Nachsehen hat, wie man so sagt. Mose hat nichts anderes als das „Nachsehen". Er kann Gott niemals auf sein Programm festschreiben und ihn fraglos einbauen in seine eigenen Lebenspläne. Er hat nichts Glänzendes vorzuweisen, dieser Mose, mit solch einer dunklen Glaubenserfahrung in der Klemme, – Gott (nur) von hinten.

Doch welch tiefe Barmherzigkeit: Als Mose vom Berg seiner Gottesbegegnung herabkam, glänzte sein Angesicht, und er wußte es nicht (Exodus 34,29).

13

Ausgebrannt – neu begeistert?
Numeri / 4 Mose 11, 4–30

Die Leute, die sich ihnen angeschlossen hatten, wurden von der Gier gepackt, und auch die Israeliten begannen wieder zu weinen und sagten: Wenn uns doch jemand Fleisch zu essen gäbe! Wir denken an die Fische, die wir in Ägypten umsonst zu essen bekamen, an die Gurken und Melonen, an den Lauch, an die Zwiebeln und an den Knoblauch. Doch jetzt vertrocknet uns die Kehle, nichts bekommen wir zu sehen als immer nur Manna.

Das Manna war wie Koriandersamen, und es sah wie Bedolachharz aus. Die Leute pflegten umherzugehen und es zu sammeln; sie mahlten es mit der Handmühle oder zerstampften es im Mörser, kochten es in einem Topf und bereiteten daraus Brotfladen. Es schmeckte wie Ölkuchen. Wenn bei Nacht der Tau auf das Lager fiel, fiel auch das Manna (Numeri 11, 4–9).

Die „Hoch-Zeit" am Sinai ist längst vorbei. Lang ist der Weg durch die Wüste und braucht alle Kräfte. Da melden sich Gelüste im Menschen auf seiner Lebenswanderung mit ungeahnter Wucht. Gerade das, was man nicht hat, wird einem immer wichtiger. Man muß immer daran denken, es verklärt sich, wird zur fixen Idee. Wünsche, Sehnsüchte können in Zeiten der Entbehrung und der Erinnerung ein schier unwiderstehliches Eigenleben entfalten und übermächtig werden. Sie machen alles andere madig, was die Gegenwart als Gaben bereithält. Die Wünsche beherrschen den Menschen und vereiteln ein dankbares Genießen dessen, was er zum Leben hat, sie machen blind für das Naheliegende und idealisieren das Ersehnte.

Auch Israel wird benebelt und vergißt, wie bitter die Sklaverei war. Die Fische in Ägypten gab's – in der verzerrten Erinnerung – auf einmal „umsonst". Damit kann das Manna nicht konkurrieren. Appetit steckt an, aber auch Gier.

Das gleiche Phänomen zeigt sich heute – wenn auch gleichsam in anderem Gewand – beispielsweise bei vermeintlichen Kavaliersdelikten wie Steuerhinterziehung. Wer hat hier wen angesteckt? Die Kleinen die Großen oder umgekehrt, – wenn selbst politisch Führende nicht genug bekommen können und in manchen Fällen nicht einmal mehr stolpern über ihre Geldgier?

Mose hörte die Leute weinen, eine Sippe wie die andere; jeder weinte am Eingang seines Zeltes.

Da entbrannte der Zorn des Herrn; Mose aber war verstimmt und sagte zum Herrn: Warum hast du deinen Knecht so schlecht behandelt, und warum habe ich nicht deine Gnade gefunden, daß du mir die Last mit diesem ganzen Volk auferlegst? Habe denn ich dieses ganze Volk in meinem Schoß getragen, oder habe ich es geboren, daß du zu mir sagen kannst: Nimm es an deine Brust, wie der Wärter den Säugling, und trag es in das Land, das ich seinen Vätern mit einem Eid zugesichert habe? Woher soll ich für dieses ganze Volk Fleisch nehmen? Sie weinen vor mir und sagen zu mir: Gib uns Fleisch zu essen! Ich kann dieses ganze Volk nicht allein tragen, es ist mir zu schwer. Wenn du mich so behandelst, dann bring mich lieber gleich um, wenn ich überhaupt deine Gnade gefunden habe. Ich will mein Elend nicht mehr ansehen (Numeri 11, 10–15).

Wer wirklich traurig ist, der verkriecht sich, braucht Schutz. Warum nur jammern alle aus Israel am Eingang ihrer Zelte, in aller Öffentlichkeit und demonstrativ? Sie wollen Druck ausüben. Ringsum gleichsam aufgesperrte Schnäbel und Geschrei wie bei jungen Vögeln im Nest. Der Mann Mose spürt die riesige Aufgabe, die ihm da entgegenstürmt, fühlt sich durch diese Demonstration der Unzufriedenheit der Menschen getroffen in einer ganz tiefen Schicht seiner Seele. Und er beklagt sich bei Gott, verärgert, verdrossen, depressiv.

Auch Gott läßt so etwas nicht kalt. Er wird zornig (Numeri 11, 10). Die ewig Unzufriedenen strapazieren Mose und ihn. Da schreit etwas, das ist nicht zu befriedigen, ist unstillbar, – kein Gott, kein Mensch kann je maßlose Gier stillen. Mose, der einstmals Strahlende kommt ans Ende seiner Kraft. Er sieht sich wie eine Amme, die einen ewig schreienden Säugling tragen muß. Mose könnte das Kind an die Wand werfen, denn er fühlt sich wie aufgefressen von der Gier aller. Zurück zum Absender mit ihnen! Bin ich denn ihre Mutter, ihr Vater (Numeri 11,12)?

Eigentlich müßte Mose sich gegen sein Volk wehren; aber er ist so am Ende, daß er dieser Aggression nichts entgegenzusetzen weiß. Er kann nur noch alles auf sich beziehen, fühlt sich abgrundtief enttäuscht und zugleich von Gott, seinem Auftraggeber, im Kern seiner Person schlecht behandelt, geradezu hintergangen; ja, er wünscht sich sogar den Tod. Nichts wie raus aus alledem! Es muß ein Ende nehmen, denn „ich will mein Elend nicht mehr ‹länger› ansehen" (Numeri 11,15).

Mose ist höchst gefährdet. Ein Mensch in akuter Suizidgefahr erlebt sich so wie er: ausgenommen, leer, ausgebrannt. Darin bildet die Seele Mose's und seines Volkes eine bedrückend gegenwärtige Wahrheit ab: Jede maßlose Gier hat in der Tiefe auch mit Selbstverneinung zu tun. Ein Mensch, der nicht genug bekommen kann, ist sich selbst nicht genug. Wer meint, nur im Nehmen und An-sich-Reißen sein Leben zu finden, wird sich im fatalen Sinne selbst „das Leben nehmen". An Mose kommt der Schaden des ganzen Volkes als Krankheitssymptom heraus: selbstmörderische Gier.

Das Experiment Gottes, *ein* Volk auf der Welt zu befreien von den Fesseln der ständig steigenden Ansprüche, – es ist gescheitert. Und Mose, der ausgebrannte Lastträger und Symptomträger, gibt auf.

Aber auch umgekehrt: Mose ist nicht nur getroffen von Riesenansprüchen, die er nicht erfüllen kann, – ein verausgabter Ernährer, ein ausgebrannter Helfer. Mose spürt solche Ansprüche, solche Gier auch in der eigenen Seele und scheint zutiefst erschrocken darüber, geradezu vernichtet, und er wehrt die bedrängenden Wünsche ab: bei all den anderen Unzufriedenen, bei sich selbst womöglich am erbittertsten, – ein Mann, der kämpft und schier erliegt unter der Macht der Begierden.

Ich will ihn würdigen als Gestalt, die eines der Tiefenthemen der Lebensmitte sichtbar macht. Das Wandern durch Wüstenstrecken gehört zu jedem Lebenslauf als nicht eigens gesuchte, aber offenbar unausweichliche Erfahrung. Was löst das in mir aus, wenn manches, das einmal erfreulich leicht von der Hand ging im Beruf und dadurch Anlaß zur Selbstbestätigung war, sich unmerklich wandelt und farbloser wird, eben zur Routine? Was ist das, wenn der Wein des Lebens nicht gerade schal wird, aber sich im Geschmack verändert und das Leben manchmal nach etwas „Altbekanntem" schmeckt? Erschreckt es mich, daß da offenbar etwas mehr und mehr am Schwinden ist? Leugne und überspiele ich das und wehre solch leises Empfinden ab?

Wie ist das mit unseren Sinnen, unserer Sinnlichkeit? Wie geht das ineinander: immer sensibler und berührbarer werden, ein wachsender Sinn für Schönes vielleicht, für Natur, Kunst, für Menschen, für Religiöses, für die vielen bereichernden Zwischentöne des Lebens, – und andererseits ein pochendes Suchen und Nehmenwollen, ein Begehren, das keine Umschweife machen will? „Das fremde Volk war lüstern geworden" (Numeri 11,4), – das Lutherdeutsch bemäntelt hier nichts. Es geht um Lust in der Wüste des Lebens. Um „Fleisches-Lust", um saftiges Leben, denn „man gönnt sich ja sonst nichts". Wie ließe sich die Einöde denn anders aushalten, als mit Lust auf Fleisch, – dürfen Männer es ebenso unverhüllt wie der moderne Bilderkitzel von Kiosk oder Mattscheibe sagen: Lust auf „Frauenfleisch" allermeist? So etwa fragt und empfindet manch ermattete Seele und sucht wenigstens Erquickung auf Zeit und Geschmack von Fülle, wenn man schon kein Ziel mehr vor Augen haben kann im Einerlei und Auf und Ab der Lebenswüste. Und wenn vielleicht auch Lebensbeziehungen ihre Kraft und weittragende Perspektive eingebüßt haben, wenn sie allmählich zu anstrengend werden, zu viel Verzicht einem abverlangen.

Das „Dionysische", so hat man jener Ur-Lust auf Leben schon früh einen Namen geben wollen. Aber wenn man darunter nur das altbekannte „Wein, Weib und Gesang" darunter verstünde, wäre es viel zu deutschbieder ausgedrückt. Dionysos mit seinem Leopardenfell steht fürs Anspringen, fürs Zerfleischen in Lustgewalt, seien es andere, die herhalten müssen, sei es selbstzerfleischend in unsinniger Lebensgier, die kein Halten, keine Grenze kennt. Im Dionysoskult der Antike zerreißen die rasenden Tänzerinnen mit den Zähnen rohes Fleisch als Sakrament der Vereinigung mit dem Lebensgott. – Mose, angesichts solcher Gewalt wohl auf verlorenem Posten. Möglicherweise *muß* er geradezu in eine depressive Verstimmung fallen, um nicht vom Ansturm der Lüste überrannt zu werden. Das Volk wird am Ende das Gegenteil ausleben: wird sich am Fleisch überfressen. Kann man auch zuviel wollen an Leben? Und das Rezept „Mehr desselben" brächte keine Besserung der Lebensnot, sondern rauschhaften Untergang?

Mitten in der Wüste tut sich die Abgründigkeit des Lebenwollens auf. Und es scheint hier keinen goldenen Mittelweg zu geben zwischen Depression und „finalem Rausch". Das kommt hart heraus an Mose und dem Volk. Beide zusammen verkörpern Unentrinnbarkeiten der Lebensmitte. Lebensfragen, die auf Lösung drängen. Aber wie?

Da sprach der Herr zu Mose: Versammle siebzig von den Ältesten Israels vor mir, Männer, die du als Älteste des Volkes und Listenführer kennst; bring sie zum Offenbarungszelt! Dort sollen sie sich mit dir zusammen aufstellen. Dann komme ich herab und rede dort mit dir. Ich nehme etwas von dem Geist, der auf dir ruht, und lege ihn auf sie. So können sie mit dir zusammen an der Last des Volkes tragen, und du muß sie nicht mehr allein tragen.

Zum Volk aber sollst du sagen: Heiligt euch für morgen, dann werdet ihr Fleisch zu essen haben. Denn ihr habt dem Herrn die Ohren vollgeweint und gesagt: Wenn uns doch jemand Fleisch zu essen gäbe! In Ägypten ging es uns gut. Der Herr wird euch Fleisch zu essen geben. Nicht nur einen Tag werdet ihr es essen, nicht zwei Tage, nicht fünf Tage, nicht zehn Tage und nicht zwanzig Tage, sondern Monate lang, bis es euch zum Hals heraushängt und ihr euch davor ekelt. Denn ihr habt den Herrn, der mitten unter euch ist, mißach-

tet und habt vor ihm geweint und gesagt: Warum sind wir aus Ägypten weggezogen?

Da entgegnete Mose: Sechshunderttausend Mann zu Fuß zählt das Volk, bei dem ich lebe, und du sagst: Ich gebe ihnen Fleisch, daß sie Monate lang zu essen haben? Selbst wenn man alle Schafe, Ziegen und Rinder für sie schlachtet, reicht das für sie? Wenn man alle Fische des Meeres für sie fängt, reicht das für sie?

Der Herr antwortete Mose: Ist etwa der Arm des Herrn zu kurz? Du wirst bald sehen, ob mein Wort an dir in Erfüllung geht oder nicht (Numeri 11,16–23).

Wie kommt Gott nur darauf, es mit seinem Geist zu versuchen? Warum nicht gleich das Fleischwunder (Numeri 11,31–35)? Die Wachteln, die in Massen einfliegen, – also aus Steinen jetzt nicht Brot, sondern gleich Fleisch? Weiß Gott, daß gegen Gier keinerlei Befriedigung hilft?

„Ich taumle von Begierde zum Genuß, und im Genuß verschmacht' ich nach Begierde." Gegen Unersättlichkeit hilft keine *Befriedigung,* da hilft nur *Befriedung,* – ein Friede, der nicht aus Menschen kommt und aus dem, was sie in sich hineinstopfen im wörtlichen oder im übertragenen Sinn. Es geht um den Frieden, der aus Gottes Geist nur kommt. Wunscherfüllung, Befriedigung allein wird umschlagen in Ekel und Überdruß (Numeri 11,20).

Befriedung aber schenkt, mit Worten des Paulus gesprochen, nicht das Fleisch, sondern nur der Geist. Mose ist Geistträger und bleibt das auch in seiner die Lebensgier abwehrenden Lebensmüdigkeit. Gott hat seinen Geist auf ihn gelegt, aber jetzt muß er wie ein

Riese Atlas die Welt bzw. ein ganzes Volk tragen und kann es nicht. So ist es eine Frage des Geistes, die Last zu teilen und gemeinsam zu tragen.

Wenn das verzehrende Lebenwollen anfängt, Not zu machen, weil man spürt, es muß sich ändern, und weiß doch nicht, wie, – dann ist es Zeit zum Teilen. Denn das Gesetz des Geistes ist: Durch Teilen, durch Aufgabenteilen ebenso wie durch Anteilgeben und -nehmen verliert man nicht, sondern gewinnt an Lebensintensität.

Siebzig Älteste wird Mose berufen. Zu siebzig waren Jakob und seine Söhne nach Ägypten gekommen (Exodus 1, 5), geführt auf allen Wegen und Umwegen von jenem Geist, der selbst noch das Bösgemeinte gutzumachen gedachte (Genesis 50, 20). Siebzig Älteste um Mose, – Mitstreiter, „Mit-Leider" auch. Wie eine Kerze an der anderen angezündet wird, so teilt sich Gottes Geist, – ein Ur-Pfingsten. Denn auch an Pfingsten geht es um das Tragen der Lebenslast: darum, daß Gott gegenwärtig ist und der Menschen Alltag mit seinem Hoffen und Bedürfen trägt.

Es braucht den Geist Gottes, daß menschlich kurzes und blindes Wünschen erzogen wird, erzogen zu einem weit gespannten Hoffen: aufs „Gelobte Land", auf das Reich Gottes.

Mose ging hinaus und teilte dem Volk die Worte des Herrn mit. Dann versammelte er siebzig Älteste des Volkes und stellte sie rings um das Zelt auf.

Der Herr kam in der Wolke herab und redete mit Mose. Er nahm etwas von dem Geist, der auf ihm ruhte, und legte ihn auf die siebzig Ältesten. Sobald der Geist auf ihnen ruhte, gerieten sie in prophetische Verzückung, die kein Ende nahm.

Zwei Männer aber waren im Lager geblieben; der eine hieß Eldad, der andere Medad. Auch über sie war der Geist gekommen. Sie standen in der Liste, waren aber nicht zum Offenbarungszelt hinausgegangen. Sie gerieten im Lager in prophetische Verzückung. Ein junger Mann ging zu Mose und berichtete ihm: Eldad und Medad sind im Lager in prophetische Verzückung geraten.

Da ergriff Josua, der Sohn Nuns, der von Jugend an der Diener Mose's gewesen war, das Wort und sagte: Mose, mein Herr, hindere sie daran! Doch Mose sagte zu ihm: Willst du dich für mich ereifern? Wenn nur das ganze Volk des Herrn zu Propheten würde, wenn nur der Herr seinen Geist auf sie alle legte! Dann ging Mose mit den Ältesten Israels in das Lager zurück (Numeri 11, 24–30).

Prophetische Verzückung im Lager. Eine seltsame Frucht des Geistes! Sein Wirken ergreift selbst die, die nicht in unmittelbarer Nähe sind. Einer jedoch fürchtet Schlimmes, Josua, Moses Vertrauter. Wird durch das Wehen des Geistes, wo er will, nicht die Autorität des Mose in Frage gestellt? Josua scheint das zu befürchten und will zur Ordnung rufen. Mose selber bleibt gelassen. Es wäre gut, wenn alle im Volk Propheten wären, Menschen, bewegt vom Geist Gottes.

So etwas wie ein „allgemeines Priestertum" blitzt hier auf. Die insgesamt nun zweiundsiebzig Geisterfüllten weisen auf die zweiundsiebzig Jünger, die Jesus zusätzlich zu den Zwölfen beruft und aussendet, als er merkt: Es sind zu wenige, den heilenden und Frieden schaffenden Geist Gottes unter die Menschen zu bringen (Lukas 10, 1–9). Und der Wunsch des Mose, daß Gott seinen Geist über alle kommen lasse, zielt weit über die Jahrtausende hinaus. Er zielt auf Überwindung auch des lebensfeindlichen Geistes unserer Gesellschaft, die ihren Fortschritt ausgerechnet auf der Unersättlichkeit des Menschen begründen will, auf Haben statt Sein.

14

Der Demütige

Numeri / 4 Mose 12, 1–16

Als sie in Hazerot waren, redeten Mirjam und Aaron über Mose wegen der kuschitischen Frau, die er sich genommen hatte. Er hatte sich nämlich eine Kuschiterin zur Frau genommen. Sie sagten: Hat etwa der Herr nur mit Mose gesprochen? Hat er nicht auch mit uns gesprochen? Das hörte der Herr. Mose aber war ein sehr demütiger Mann, demütiger als alle Menschen auf der Erde.

Kurz darauf sprach der Herr zu Mose, Aaron und Mirjam: Geht ihr drei hinaus zum Offenbarungszelt! Da gingen die drei hinaus. Der Herr kam in der Wolkensäule herab, blieb am Zelteingang stehen und rief Aaron und Mirjam. Beide traten vor, und der Herr sprach: Hört meine Worte! Wenn es bei euch einen Propheten gibt, so gebe ich mich ihm in Visionen zu erkennen und rede mit ihm im Traum. Anders bei meinem Knecht Mose. Mein ganzes Haus ist ihm anvertraut. Mit ihm rede ich von Mund zu Mund, von Angesicht zu Angesicht, nicht in Rätseln. Er darf die Gestalt des Herrn sehen. Warum habt ihr es gewagt, über meinen Knecht Mose zu reden? Der Herr wurde zornig auf sie und ging weg.

Kaum hatte die Wolke das Zelt verlassen, da war Mirjam weiß wie Schnee vor Aussatz. Aaron wandte sich Mirjam zu und sah: Sie war aussätzig. Da sagte Aaron zu Mose: Mein Herr, ich bitte dich, laß uns nicht die Folgen der Sünde tragen, die wir leichtfertig begangen haben. Mirjam soll nicht wie eine Totgeburt sein, die schon halb verwest ist, wenn sie den Schoß der Mutter verläßt. Da schrie Mose zum Herrn: Ach, heile sie doch! Der Herr antwortete Mose: Wenn ihr Vater ihr ins Gesicht gespuckt hätte, müßte sie sich dann nicht sieben Tage lang schämen? Sie soll sieben Tage lang aus dem Lager ausgesperrt sein; erst dann soll man sie wieder hereinlassen. So wurde Mirjam sieben Tage aus dem Lager ausgesperrt. Das Volk brach nicht auf, bis man Mirjam wieder hereinließ. Erst nachher brach das Volk von Hazerot auf und schlug dann sein Lager in der Wüste Paran auf.

Geschwisterstreit – eigentlich ein Wunder, daß es erst jetzt soweit kommt mit den dreien. Bei Josef und seinen Brüdern, bei Jakob und Esau, bei Isaak und Ismael, bei Kain und Abel war es immer schon viel früher zum Streit gekommen. Es ist normal, daß Geschwister sich streiten. Wer hat das Sagen? Wer ist beliebter? Wer kann mehr? Wer darf sich mehr herausnehmen? Immer liegt hinter solchen Streitfragen die eine zentrale Frage: Wer bin ich? Geschwister erkämpfen sich aneinander ihr eigenes Profil. Diesen dreien hingegen hat ihr langer gemeinsamer Lebensweg bereits deutliches Profil gegeben.

Mirjam, die Anführerin der Frauen, die Dichterin

des berühmt gewordenen Jubelliedes nach der Rettung aus dem Schilfmeer, die Prophetin, wie sie in Exodus 15,2 genannt wird. Der Prophet Micha wird sie später ohne Bedenken in ein und demselben Atemzug nennen mit Mose und Aaron als Führerin des Volkes (Micha 6,4). Und Aaron ist gewiß auch kein Niemand mehr. Er, der reden kann, die priesterliche Dolmetschergestalt. Sein Bruder Mose – was wäre er bis zur Stunde ohne ihn?

Aber jetzt reden sie hintenherum. Daß Mose eine Schwarze als zweite Frau hat, das ist das Ärgernis. Sie selber wollen auf Kosten des Bruders weiß dastehen. Mehr noch, sie neiden ihm die Autorität, mit der er redet. „Redet denn der Herr allein durch Mose?" (Numeri 12,2). Vielleicht ist es gar ein archaischer Neid, dessen Wurzeln in urzeitliche Kämpfe zurückreichen: Hat nicht die Frau mehr zu sagen als der Mann? Sind nicht Schwestern immer die älteren und haben schon immer „die Hosen an"? Sind nicht, wenn wir nur weit genug zurückgehen, Frauen die eigentlichen Urpriesterinnen, – so auf Kreta, Malta, so die Priesterin Pythia beim Orakel in Delphi? Kurzum: Steckt hinter diesem Geschwisterstreit der ewige Streit zwischen Mann und Frau, zwischen Matriarchat und Patriarchat?

Von Mose wird dann etwas ganz Einmaliges gesagt: Demütig sei er, demütiger als alle Menschen auf Erden (Numeri 12,3). So kennen wir ihn freilich noch nicht. Eher als aufbrausenden, jähzornigen Menschen. Mose hat offenbar viel gelernt im Lauf seines Lebens. Er scheint alle anderen zu überragen, jetzt nicht mehr an Wichtigkeit oder an irgendeiner Begabung, sondern an Demut. Demut, – ist damit eine „Anti-Begabung" gemeint? Also nicht die Tat- und Gestaltungskraft, sondern die Kraft des Mose hinzunehmen, was über ihn geredet wird, – es einfach hinzunehmen? Welcher Mensch ist fähig, Neid und Hetze einfach zu ertragen, ohne daß er als Schwächling dasteht?

Gesichtsverlust, das ist eine unserer tiefsten Ängste. Darum können wir Unrecht nicht auf uns sitzen lassen, sondern wehren uns, um unseren guten Ruf zu schützen. Und das ist wichtig und ein Zeichen von lebensnotwendiger Selbstachtung. Würde man sich nicht sonst selber aufgeben?

Mose aber ist der demütigste aller Menschen. Offenbar ist er hier seiner selbst so sicher, daß ihn auch die bösen Reden nicht im Grunde seiner Seele erschüttern können. Genauer gesagt: Seines Gottes ist Mose sicher. Es geht nicht um Selbstsicherheit als Charaktereigenschaft. Die kann sich auch auswachsen zu Härte und Hochmut. Mose hat jenen gereiften Mut, in einem Konflikt stand–zuhalten, sich nicht selbstverteidigend zu rechtfertigen oder zum Gegenangriff auszuholen; denn: Sein Selbstwert liegt nicht in eigenen Begabungen und eigener Kraft, nicht einmal in der berühmten eigenen „weißen Weste", sondern in Gott.

Demut, – das ist der Mut, auch Unrecht hinzunehmen ohne Furcht vor Gesichtsverlust. Und wieder wird die Szene zum Wetterleuchten: Einer, der wie kein anderer Mensch seinen Wert in Gott begründet sieht, wird einst sagen: „Ich bin sanftmütig und von

Herzen demütig. So werdet ihr Ruhe finden für eure Seelen" (Matthäus 11,29). Vielleicht findet eine Menschenseele, die schon bis über ihre Lebensmitte hinaus – auch durch Wüsten – gewandert ist, wirklich nur so und nicht anders ihre Ruhe, daß sie ihren Wert nicht mehr im eigenen sucht, sondern aus den Händen Gottes empfängt.

Und doch meldet sich in dieser Geschichte fast urtypisch das *ganze* Spannungsfeld eines Konfliktes zu Wort: Gott ist es, der die andere – und eben unausweichliche – Seite in diesem Streit lebt: den Zorn über das ungerechtfertigte Reden. Mirjam und Aaron werden zur Stiftshütte, dem Zelt der Begegnung zitiert und eindringlich verwarnt. Nicht, daß ihnen ihre visionäre Begabung bestritten würde, aber es gibt noch mehr.

Mose hat eine unvergleichliche Sonderstellung bei Gott, das wird noch einmal unterstrichen. Ihm wird eine Klarheit der Erkenntnis zugesprochen, die offenbar Worte und Gleichnisse, Träume und Visionen hinter sich lassen darf: „Er sieht den Herrn in seiner Gestalt" (Numeri 12,8), wenn auch – wie zuvor erzählt – nur im Vorübergehen, von hinten, um den Anblick ertragen zu können (Exodus 33,11–23).

Mirjam und Aaron ist vielleicht mehr jene chassidische Parabel zugedacht, in der es um die Urfrage der Gotteserfahrung geht. Ein Rabbi wurde gefragt: „Weshalb können wir Menschen Gott nicht sehen?" Und er gab zur Antwort: „Weil niemand sich so tief bücken kann." – Demut, eine der Eigenschaften Gottes selbst?

„Und der Herr wandte sich weg" (Numeri 12,9). Mit dieser Geste wird so etwas wie tödliche Gottesfinsternis bildlich ausgedrückt. Wenn Segen bedeutet: „Der Herr lasse sein Angesicht leuchten über dir" (Numeri 6,25), dann heißt das abgewandte Gesicht Gottes ‚kein Segen über dir', – nicht im Sinne einer dunklen Verwünschung, sondern im Sinne einer fast logischen Folge. Wer durch sein Verhalten den Lebensraum verläßt, der durch den Willen Gottes und die vertrauensvolle Beziehung zu ihm erleuchtet ist, auf den fällt zwangsläufig kalter Schatten. Wer getrieben vom neidvollen „Ich-auch-Motiv" lebt, wer – anstatt Gott für seine Gegenwart im eigenen Lebenslauf zu danken – seinem Bruder, seiner Schwester neidet, daß Gott mit ihnen andere Wege geht zum gleichen Ziel, der kündigt die Gemeinschaft des Gottvertrauens auf, entfernt sich selbst aus dem Raum des Lebens, setzt sich aus: „Aussatz".

Eine vielsagende Krankheit. Wenn wir sie nur als reine Strafmaßnahme begriffen, wäre es eine unverhältnismäßig scharfe Sanktion. Und – warum allein die Frau, die da aussätzig wird? Warum solch ungleiche Behandlung, wo doch beide Geschwister, Aaron und Mirjam, sich der üblen Nachrede schuldig gemacht haben? Schimmert hier womöglich jenes Männerinteresse durch, das später den Lauf der ganzen Kirchengeschichte machtvoll und auch leidvoll bestimmen wird: Schon der bloße Gedanke, eine Frau könne ein geistliches Amt beanspruchen und so viel zu sagen haben wie ein Mose oder Aaron, muß heftig abgewehrt, ja bestraft werden?

Aussatz bedeutet hier freilich mehr als eine Strafmaßnahme. Wer aussätzig ist, muß in Quarantäne. Eine Gemeinschaft wird durch Aussatz gespalten in Reine und Unreine. Ein plastisches Bild für das, was durch ungezähmten Neid geschieht: Er wirkt unweigerlich zersetzend auf eine Gemeinschaft, ein Volk. Am Schluß sind alle Ausgesetzte, „Aussätzige".

Aaron bekommt die Chance, aus Fehlern zu lernen. Der Priester bittet den Bruder um einen priesterlichen Dienst: den der Fürsprache bei Gott. „Mein Herr" (Numeri 12, 11), so wird der Demütige und zuvor Geschmähte jetzt verehrungsvoll angeredet. Mose's leiser Dienst der Fürbitte bei Gott und des Kämpfens um Menschen verdient höchste Ehre.

„Und das Volk zog nicht weiter, bis Mirjam wieder aufgenommen wurde" (Numeri 12, 15). Diesmal kann sich der Spaltpilz nicht weiterfressen durch die Gemeinschaft der Wüstenwanderer. Die Solidarität zerbricht nicht ganz. Niemand nutzt die Chance, wenn die eine schwach geworden ist, nun schnell an ihr vorbeizuziehen. Aufeinander warten, sich zurechtweisen, einander mitnehmen auf dem Weg durch die Lebenswüste ins Gelobte Land. Sehen so Lebensschritte der Demut aus?

15

Durststrecke

Numeri / 4 Mose 20, 1–13.22–29

*I*m ersten Monat kam die ganze Gemeinde der Israeliten in die Wüste Zin, und das Volk ließ sich in Kadesch nieder. Dort starb Mirjam und wurde auch dort begraben.

Da die Gemeinde kein Wasser hatte, rotteten sie sich gegen Mose und Aaron zusammen. Das Volk geriet mit Mose in Streit; sie sagten: Wären wir doch umgekommen wie unsere Brüder, die vor den Augen des Herrn gestorben sind. Warum habt ihr das Volk des Herrn in diese Wüste geführt? Nur damit wir hier zusammen mit unserem Vieh sterben? Wozu habt ihr uns aus Ägypten hierher geführt? Nur um uns an diesen elenden Ort zu bringen, eine Gegend ohne Korn und Feigen, ohne Wein und Granatäpfel? Nicht einmal Trinkwasser gibt es. Mose und Aaron verließen die Versammlung, gingen zum Eingang des Offenbarungszeltes und warfen sich auf ihr Gesicht nieder. Da erschien ihnen die Herrlichkeit des Herrn.

Der Herr sprach zu Mose: Nimm deinen Stab; dann versammelt die Gemeinde, du und dein Bruder Aaron, und sagt vor ihren Augen zu dem Felsen, er solle sein Wasser fließen lassen. Auf diese Weise wirst du für sie

Wasser aus dem Felsen fließen lassen und ihnen und ihrem Vieh zu trinken geben.

Mose holte den Stab von seinem Platz vor dem Herrn, wie der Herr ihm befohlen hatte. Mose und Aaron riefen die Versammlung vor dem Felsen zusammen, und Mose sagte zu ihnen: Hört, ihr Meuterer, können wir euch wohl aus diesem Felsen Wasser fließen lassen? Dann hob er seine Hand hoch und schlug mit seinem Stab zweimal auf den Felsen. Da kam Wasser heraus, viel Wasser, und die Gemeinde und ihr Vieh konnten trinken. Der Herr aber sprach zu Mose und Aaron: Weil ihr mir nicht geglaubt habt und mich vor den Augen der Israeliten nicht als den Heiligen bezeugen wolltet, darum werdet ihr dieses Volk nicht in das Land hineinführen, das ich ihm geben will. – Das ist das Wasser von Meriba (Streitwasser), weil die Israeliten mit dem Herrn gestritten haben und er sich als der Heilige erwiesen hat.

Die Israeliten brachen von Kadesch auf, und die ganze Gemeinde kam zum Berg Hor. Am Berg Hor, an der Grenze von Edom, sprach der Herr zu Mose und Aaron: Aaron wird jetzt mit seinen Vorfahren vereint; er wird nicht in das Land kommen, das ich für die Israeliten bestimmt habe; denn ihr habt euch am Wasser von Meriba gegen meinen Befehl aufgelehnt. Nimm Aaron und seinen Sohn Eleasar, und führ sie auf den Berg Hor hinauf! Dann nimm Aaron seine Gewänder ab, und leg sie seinem Sohn Eleasar an! Aaron wird dort mit seinen Vätern vereint werden und sterben. Mose tat, was ihm der Herr befohlen hatte. Sie stiegen vor den Augen der ganzen Gemeinde auf den Berg Hor. Mose nahm Aaron die Gewänder ab und legte sie *seinem Sohn Eleasar an. Dann starb Aaron dort auf dem Gipfel des Berges, Mose aber und Eleasar stiegen vom Berg herab. Als die Gemeinde sah, daß Aaron dahingeschieden war, beweinte ihn das ganze Haus Israel dreißig Tage lang.*

Die Geschichte wiederholt sich. Daß Israel in Wassernot kam dort in der Wüste und Mose mit seinem Stab Wasser aus dem Felsen schlug, wird schon in Exodus 17, 1–7 erzählt.

Manchmal wiederholt sich Geschichte, in der Tat. Das ist quälend zu beobachten auch bei der deutschen Vereinigung. Ab 1945 hatte der Westen die Chance, sich von innen her zu reinigen von den Verstrickungen unseres Volkes in den Nazi-Ungeist. Viel zu lange wurde jedoch geschwiegen. 1989 bekam Deutschland die Chance, die Aufgabe der Selbstreinigung von der Verstrickung in ein diktatorisches Regime noch einmal und vielleicht besser zu lösen. Aber immer noch sitzen „Wendehälse" in Führungspositionen.

1945 bekam die Kirche die Chance, sich eine neue Gestalt zu geben, die dem säkularisierten 20. Jahrhundert besser entsprechen könnte. Man schrieb statt dessen den Schulterschluß von Staat und Kirche aus der Weimarer Zeit fort. 1989 wurde mit der Maueröffnung auch die Chance eröffnet, die Erfahrungen einer Kirche in der Minderheitenposition zu nutzen, um auch den etablierten Kirchen im Westen neue Impulse zu geben. Was geschah, war die schnelle Übertragung des westlichen Modells einer vermeintlich flächendeckenden Volkskirche auf den Osten.

Es ist eine bittere Wahrheit: Selbst wenn sich Geschichte wiederholt, werden Chancen vertan. Ist das auch in der einzelnen Lebensgeschichte so?

Quälend ist die Durststrecke auch seelisch. Begleitende, mittragende Menschen sterben. Mose bleibt übrig, verwaist. Die Schatten im Leben werden länger. Hat er seine verstorbene Schwester Mirjam geliebt, oder war sie ihm möglicherweise zu mächtig, zu „emanzipiert"?

Und wie ist das, unterwegs einen Menschen zu verlieren? Die geschmückten Kreuze an unseren Straßenrändern sprechen eine schmerzliche Sprache. Sie drücken in besonders zugespitzter Weise aus: Unsere Abschiede geschehen eigentlich immer auf dem Weg. Wir müssen weiter im Leben, wir, nur „Gäste auf Erden". Wir können uns an Gräbern nicht festhalten.

In Kadesch, der Oase, hatte das Volk sein Lager aufgeschlagen. Aber jetzt geht selbst in der Oase das Wasser aus (Numeri 20,5). „Die Wüste wächst: Weh dem, der Wüsten birgt" (Friedrich Nietzsche). Der äußere Hergang hat auch innere Wurzeln. Verwüstete Menschenseelen machen auch ihre Umwelt zu Wüsten. Bis heute wird die Schuld dafür nicht bei sich selbst gesucht. Andere bekommen die Vorwürfe ab. Hier ist Mose der Sündenbock; die Anspruchsstruktur der Seele scheint unverändert von Anbeginn. Welt und Mitmenschen sind dazu da, mir etwas zu bieten, eben eine ständig fließende Rundumversorgung. Immer aggressiver wird das enttäuschte und fordernde Volk, dem die Wüsten wachsen. Immer schwächer und ängstlicher werden Mose und Aaron. Es ist geradezu erschütternd, wie die Befreier aus Ägypten im Lauf der Wüstenzeit demontiert werden. Da bleibt keine Führungskraft mehr an ihnen, kein gutes Haar. „Sie fallen auf ihr Angesicht" (Numeri 20,6), – das ist nicht nur Gebet, sondern Verzweiflung und Umfallen. Wie in Numeri 14,5 erzählt wird, fielen die Führergestalten Mose und Aaron um „vor der ganzen Versammlung der Gemeinde der Israeliten".

Hat Mose das Volk überfordert und ihm zu viel zugetraut? Mutet Gott den Menschen zu viel zu, wenn er sie befreit? „Flucht vor der Freiheit", so nennt Erich Fromm sein frühes Buch zur Seelenlage des modernen Menschen. Die goldenen Ketten der Industriegesellschaft, die Rundumversorgung durch Konsum sind der Mehrheit allemal lieber als Freiheit, Eigenverantwortung, Risiko des Lebens.

Aber es sind vor allem seine Auserwählten, die Gott überfordert: Mose und Aaron. Angstvoll weichen sie vor der Wut der Menge zurück bis zum Zelt Gottes, suchen Schutz, geben fast auf, werfen sich nieder, können nicht mehr, beten und flehen (Numeri 20,6), – und Gott erscheint tatsächlich in seiner Herrlichkeit. Die Wut des Volkes führt diesmal nicht zur Gegenwut Gottes. Oder läßt er, verborgen unter dem Hilfsangebot, jetzt seine Wut an Mose und Aaron aus? *Will* Gott hier überhaupt helfen, oder hilft er nur, um die beiden zu prüfen? Ein abgründiger Gedanke ist das, aber die Abgründe der Menschenseele rühren manchmal auch an Abgründe in Gott.

Befehlen sollen sie also dem Felsen, Wasser zu geben. Mit dem Unbelebten reden (Numeri 20,8). Abhilfe schaffen allein mit der Schwäche ihres Wortes, in dem Gott wirken will, – und das vor dem versammelten Volk. Hier darf nichts schiefgehen!

Bei früheren Gelegenheiten auf ihrer langen Wanderung durfte Mose ja noch mit dem Stab auf den Felsen schlagen, durfte wenigstens etwas Symbolisches tun. Dahinter steckt ein altes Nomadenwissen: Manchmal werden Wasseradern gefunden, wenn man die brüchige und vor Verdunstung schützende Oberfläche der Felsen abschlägt. So wollen sie es wieder machen. Oder sind es Zornesschläge, mit denen Mose seine Wut herausschlägt? Ihr Widerspenstigen, haltet ihr es etwa für möglich, daß wir Wasser schaffen können? Wir schaffen es nicht, euern Durst des Leibes und euren Lebensdurst zu stillen! (vgl. Numeri 20,10).

Mir scheint, Mose will eigentlich nicht. Er kann und will nicht endlos geben. Er ist wie jeder Mensch irgendwann einmal am Ende seiner Kraft, seiner Liebe, seines guten Willens. Deshalb verstehe ich nicht, daß Gott derart scharf mit seinen Auserwählten umgeht: „Ihr habt mir nicht vertraut", so brandmarkt Gott, daß Mose ja nur auf die altbewährte Weise mit dem *Stab* hat Wasser schlagen wollen und nicht mit dem ihm aufgetragenen *Wort* allein. Und dann: nicht vertraut, nicht geglaubt! –, der schwerwiegendste aller Vorwürfe in der Bibel. Die Krise im Volk wird zur Krise zwischen Gott und Mensch. Dabei wollte Mose doch schlichtweg den Willen Gottes tun, eben mit den Mitteln, die sich schon bewährt haben.

Es ist schon eine harte Schule und eine ganz besondere Durststrecke, durch die Gott seine Auserwählten führt. Genötigt werden, sich auf die Macht – auf die Schwäche! – des Wortes zu verlassen, obwohl man einen Stab in der Hand hat, mit dem man wirken kann, das ist schiere Überforderung. Denn wo in aller Welt gibt es eine Macht ohne entsprechende Machtmittel? Das Unmögliche wollen im Namen Gottes und ihm zutrauen, daß es wahr wird im Sinne von Psalm 33,9: „So er befiehlt, so steht's da!" – welcher Mensch ist denn zu solch riesenhaftem Wollen fähig?

Ich bin froh, daß ich nicht Mose oder Aaron bin. Ich habe den Eindruck, in dieser harten Schule Gottes zerbrechen sie allmählich. Auch Aaron wird sterben unterwegs (Numeri 20,22–29) und zuletzt Mose, ebenfalls außerhalb des Gelobten Landes. Stirbt er an gebrochenem Herzen, von einem unzärtlichen Gott zerbrochenem Herzen? Oder an der selbstzerstörerischen Kraft seines eigenen Manneszorns, dem es nicht gelingt, bedingungslos zu vertrauen, die Wüste des Unterwegsseins allen Widerständen zum Trotz zu durchleben?

16

Bissige Liebe

Numeri / 4 Mose 21, 4–9

Die Israeliten brachen vom Berg Hor auf und schlugen die Richtung zum Schilfmeer ein, um Edom zu umgehen. Unterwegs aber verlor das Volk den Mut, es lehnte sich gegen Gott und gegen Mose auf und sagte: Warum habt ihr uns aus Ägypten heraufgeführt? Etwa damit wir in der Wüste sterben? Es gibt weder Brot noch Wasser. Dieser elenden Nahrung sind wir überdrüssig. Da schickte der Herr Giftschlangen unter das Volk. Sie bissen die Menschen, und viele Israeliten starben.

Die Leute kamen zu Mose und sagten: Wir haben gesündigt, denn wir haben uns gegen den Herrn und gegen dich aufgelehnt. Bete zum Herrn, daß er uns von den Schlangen befreit. Da betete Mose für das Volk. Der Herr antwortete Mose: Mach dir eine Schlange, und häng sie an einer Fahnenstange auf! Jeder, der gebissen wird, wird am Leben bleiben, wenn er sie ansieht. Mose machte also eine Schlange aus Kupfer und hängte sie an einer Fahnenstange auf. Wenn nun jemand von einer Schlange gebissen wurde und zu der Kupferschlange aufblickte, blieb er am Leben.

Die Luft ist raus beim Volk, und das ist kein Wunder. Jetzt wieder zurück in Richtung Schilfmeer, noch einmal die ganze Ochsentour von vorne! Das legt sich ihnen bleischwer auf die Seele. Sie werden mutlos, „verdrossen" auf dem Wege (Numeri 21, 4). Wörtlich übersetzt heißt das: Die „Puste" geht ihnen aus, sie verlieren die Geduld und den nötigen langen Atem. Nein, sie wollen nicht mehr zurück, sie können nicht mehr. Ist es ein Wunder, daß sie jetzt alles anwidert und ekelt, selbst das göttliche Manna (Numeri 21, 5)?

Israel macht die Erfahrung, die jeden auf unterschiedliche Weise einholen kann: Frisch ist man gestartet einstmals in die Freiheiten des eigenen Lebenslaufs. Jugend, Ausbildung, Ehe und Familie, das meiste läuft glatt. Wie selbstverständlich konnte man sein Leben in die Hand nehmen. Die Idee war ferne, daß ein guter Beruf, eine heranwachsende eigene Familie vielleicht nicht der Regelzustand, sondern möglicherweise die Ausnahme sein könnten, – ... bis sich plötzlich Hindernisse, Konflikte in den Weg stellen: kein Weiterkommen mehr, Rückschlag, Mutlosigkeit, Suche nach Schuldigen, Enttäuschung, Widerstand ...

Viele Menschen erlitten und erleiden noch immer und immer wieder solche oft bittersten Rückschläge in ihrem Leben. So lange ist es noch nicht her, da haben viele alles verloren im Krieg: die Heimat, den Mann oder den Sohn, die Kinder, die Frau, das Gottvertrauen, den Glauben, wenn man derart in die Wüste geschickt wird. Oder Ehen, die zur Wüste werden. Einer schickt den anderen in die Wüste oder geht selbst. Oder die plötzliche Arbeitslosigkeit, oder der

Verlust eines geliebten Menschen durch tödliche Krankheit oder Unfall, oder ... Menschen geht die Luft aus auf ihrem Weg.

So etwas wie Glaube oder religiöse Praxis, positive Erfahrungen in jungen Jahren etwa in Gruppen oder Freizeiten der Heimatgemeinde, – es kann dann verdunsten, kann einem Menschen einfach spurlos abhanden kommen, zusammenbrechen auf dem Weg durch die Zeit, kann versickern im dürren, leblosen Wüstensand eines Schicksals. „Und das Volk wurde verdrossen auf dem Weg." Israel ist am Ende.

Wäre es da eigentlich ein Wunder, wenn nun auch Gott an ein Ende käme? Wenn ihm zwar nicht die Luft ausginge, aber die Geduld, – und er kurzen Prozeß machte, nachdem er Israel ja mit Engels- und mit Eselsgeduld getragen und gerettet hat, oft und oft? Sie beschützt hat, Wasser, Brot, Leben geschenkt hat auf ihrem Weg in der Wüste. Es wäre kein Wunder, wenn Gott sagte: „Undankbares Volk! Ich laß euch sitzen. Ich laß mich scheiden von euch!" – Aber, Wunder, das Gegenteil geschieht. Und zwar das genaue Gegenteil von einer Scheidung. Gott läßt nicht ab, sondern er verbeißt sich vielmehr in sein Volk: „Ich lasse dich nicht", – hier einmal umgekehrt, nicht vom Kämpfer Jakob-Israel hervorgekeucht beim Ringen mit dem dunklen Gott in der Nacht (Genesis 32, 27). „Ich lasse dich nicht", hier von Gott selbst verbissen, im wörtlichen Sinne verbissen ausgelebt, feurig seine Liebe, unaufkündbar.

Bilder müssen her für dieses unaufhaltsame Zupacken seiner Liebe. Schlangen, die sich nicht abschütteln lassen. Schlangen, die aussehen wie von Flammen beflügelte Wesen, – denn „Seraf" steht hier im hebräischen Text, und das bedeutet „brennend". Schlangen also, die erscheinen wie jene übermenschlichen Wesen um Gottes Thron, „Serafim" mit Feuerflügeln, gewaltig, erschreckend, – wer vermag da noch zu scheiden zwischen Engel und höllischer Schlange, wenn Gottes heilige Liebe verbissen brennt?

„Ich lasse dich nicht", das *geschieht* hier. Das wird nicht nur *gesagt* von Gott, es passiert. Und wer durch den Biß von Gottes Liebe nicht herumgedreht wird, der stirbt. Wer trotz Gottes glühendem „Ich lasse dich nicht" auf seinem Eigensinn und Eigenschmerz im Lebenslauf beharrt, wer nur die Wüste ansehen will im Leben und das Ekelhafte und das Selbstmitleid, der lebt auf den Tod zu. Unweigerlich, wie von der Giftschlange gebissen.

Ich muß gestehen, so „bissig" wie in dieser Geschichte stelle ich mir Gott normalerweise nicht vor. Es kann einem unheimlich werden dabei. Da wäre ja selbst mit einem Tyrannen-Gott besser zurecht zu kommen. Denn es wäre irgendwie einleuchtend, wenn Gott nur aus Enttäuschung und Wut dreingeschlagen und ihnen die Schlangen nur zur Strafe auf den Hals geschickt hätte. So wäre es vorstellbar, denn das steckt ja auch in mir, dieses „Und bist du nicht willig, so brauch' ich Gewalt". Doch wenn die Schlangenplage hier nur eine Strafmaßnahme wäre, die manches furchtbar tyrannische Gottesbild in der Seele fatal untermauern könnte, dann müßte diese vermeintliche Strafe ja aufhören, sobald das Strafziel erreicht ist, das

Volk seine Sünde einsieht und um Vergebung bittet. Aber eben das geschieht nicht. Gott nimmt auch nach der Fürbitte des Mose die Schlangen nicht weg. Offenbar müßte er sonst seine verbissene Liebe zurücknehmen, müßte sein packendes „Ich lasse dich nicht" widerrufen. Und das tut Gott nicht, sondern er läßt Mose das Inbild seines Zupackens und seiner verbissenen Liebe jetzt erst recht öffentlich aufrichten im Lager, – die Kupferschlange erhöht an der Stange.

Und dann heißt es: hergeschaut! Nicht: „Sieh nicht an, was du selber bist in deiner Schuld und Schwäche" (Jochen Klepper), sondern: hergeschaut! Stell dich dem Unglaublichen, Unfaßbaren, wie zupackend Gott auf dich aus ist. Laß dir gezeigt und erwiesen sein, wie feurig Gott dich liebt. Gottes heilige Liebe hat eine Seite, die erschreckend ist wie eine Schlange. Sein Feuer wirkt verzehrend in alle Lebensblockaden und Lebensverdrossenheiten hinein. Aber auch dies: daß im Gericht die Gnade erscheint, die Giftschlange zugleich das Bild des Lebens darstellt. Ein Bild, das angeschaut werden will, als Medizin, als heil-sames Gegengift eingenommen sozusagen.

Verbrüdert sich der Gott der Bibel hier mit dem Heilungsgott Asklepios, der die Schlange in ihrem Schrecken und mit ihrem in Verdünnung zu verabreichenden Gift für das Ziel zu nutzen wußte: Hauptsache gesund? Nein, dem Gott des Mose ist die Schlange nicht Mittel zum Zweck, sondern bildhafte Verkörperung, Symbol einer bleibenden Wirklichkeit: Sie stellt ihn selbst vor Augen, Gott, der sein Volk feurig und unverbrüchlich liebt.

Einwand: Es hat auf Dauer nicht viel genützt mit der Schlange an der Stange. Dieses Bild war den Menschen zu fremd und erschreckend. Darum hat es Gott noch einmal und ganz anders versucht, seine Menschheit herauszureißen aus Wüstenwegen, wo die Hoffnung auf ein verheißenes Land verdorrt. Menschlicher als damals hat er es versucht. So menschlich, daß dies nun jedoch auch wieder ein erschreckendes Bild ist. Der Mensch Gottes, Jesus, der da ebenfalls hängt an der Stange und der Querstange, am Kreuz. Kein Wunder, daß man seit alters dieses Bild eine Torheit nannte, mit Achselzucken oder gar Spott und Abscheu den Gottmenschen am Kreuz anschaute. Ein solches Bild kann doch nicht helfen!

Dennoch: Manch einer, von Krankheit und Todesangst gebissen, hat es schon gewagt: hat weggeschaut von der Verwundung seines Lebens, hat hingeschaut auf den Gekreuzigten und in ihm das Bild gefunden, daß da Gott selbst Angst, Einsamkeit und Durst gelitten, nach Leben gerufen hat. Manche Seele fand im Gekreuzigten dies abgebildet, daß Gott selbst den Wüstenweg vorausgegangen ist, noch bis in den Tod, aus Liebe. Damit selbst dort, wo nun „die Luft endgültig aus" scheint, kein Mensch allein sein muß und ewig verloren.

Und über diesem Anschauen ist manchem Menschen schon die zarte Kraft des Vertrauens und Trostes gewachsen, – mitten in der Wüste. Und jene so leicht erschütterbare und doch unglaublich tragende Gewißheit: „Ich lasse dich nicht!"

17

Das Zeitliche segnen

Deuteronomium / 5 Mose 33, 1–29

Was kann ein Mensch noch geben, wenn er immer weniger wird und am Ende nichts mehr in Händen halten kann? Was kann ein Sterbender geben? Er kann seinen Besitz vermachen, aber das ist kein Geben im vollen Sinn. Denn was ein Sterbender besitzt, wird seinen Erben ohnehin zufallen. Bis zuletzt kann ein Mensch, mit dem es zum Sterben geht, eigentlich nur das geben, was ihm nicht als Besitz gehört. Solange noch Leben in ihm ist, kann er weitergeben, was sein Leben ausgemacht hat.

„Segen" nennt die Bibel das, wovon der Mensch eigentlich lebt. Und es ist wichtig, daß Menschen den Segen nicht festhalten wollen, sondern weitergeben. Eben: „das Zeitliche *segnen*", wenn sie ins Ewige gehen. Dabei geht es nicht nur darum, sich aus den Bindungen dieser Welt zu lösen, um mit leichtem Gepäck den letzten Weg anzutreten. Vielmehr: der Abschiedssegen eines Menschen gibt den Zurückbleibenden auch so etwas wie die Erlaubnis zum Weiterleben. Eine solche Erlaubnis ist nicht immer und überall selbstverständlich, wie etwa der religiöse Brauch einer Witwenverbrennung zeigt. Das Zeitliche segnen bedeutet im Grunde den Wunsch und das Vermächtnis: Leben soll weitergehen, auch wenn ich bald nicht mehr lebe.

Psychologen kennen so etwas wie eine Ur-Wut, einen vernichtenden Lebensneid: Wer mit der kränkenden Erfahrung eigener Grenzen oder erst recht mit der ungeheuerlichen Kränkung durch das eigene Lebensende nicht zurechtkommt, der möchte in tiefstem Herzen am liebsten noch die ganze Welt mit in den Abgrund reißen. „Die Deutschen sind meiner nicht wert", – so ähnlich soll ja jener Mensch ein letztes Wort gesagt haben, der erst alle mit seinem narzißtischen Größenwahn ansteckte, um sie in ebenso narzißtischer Wut mit sich in die Katastrophe zu stürzen.

Daß Menschen das Zeitliche nicht zu segnen vermögen, sondern Fluch über die Mit- und Nachwelt bringen, ist leider Realität. Etwas anderes wird dagegen von Mose, einem der wahrhaft großen Führenden, überliefert. Kurz vor seinem Tod spricht er eine Lebens-Erlaubnis aus, die auch noch die allerweiteste Zukunft umfaßt. Er segnet die Stämme Israels.

Das ist der Segen, mit dem Mose, der Mann Gottes, die Israeliten segnete, bevor er starb. Er sprach: Der Herr kam hervor aus dem Sinai, er leuchtete vor ihnen auf aus Seïr, er strahlte aus dem Gebirge Paran, er trat heraus aus Tausenden von Heiligen. Ihm zur Rechten flammte vor ihnen das Feuer des Gesetzes. Der du die Völker liebst: In deiner Hand sind alle Heiligen eines jeden von ihnen. Sie haben sich dir zu Füßen geworfen, jeder wird sich erheben, wenn du es befiehlst.

Mose hat uns eine Weisung übergeben, ein Besitztum für die Gemeinde Jakobs, und ein König erstand in Jeschurun – als sich die Häupter des Volkes versammelten, die Vereinigung der Stämme Israels (Deuteronomium 33, 1–5).

Der „Mann Gottes" wird Mose hier genannt. Nicht mehr seine Aufgabe steht jetzt im Vordergrund. Nicht mehr Mose der Knecht, Mose der Prophet, Mose der Anwalt und politische Führer, Mose der priesterliche Mittler zwischen Gott und seinem Volk, – nur noch er selbst darf dieser Mensch jetzt sein. Das ist freilich nicht zu verwechseln mit dem wichtigen, aber nur vorläufigen Ziel eines jeden Lebenslaufs: der „Selbstfindung". Die Schritte vom schlagkräftigen Jüngling zum reifen und am Ende auch demütigen Mann ist Mose längst gegangen. Daß hier plötzlich vom „Mann Gottes" die Rede ist, weist auf eine letzte Verwandlung hin. Mose wird reif für die Ewigkeit. Dem Mann in seinem Eigenwillen, Eigensinn, seiner „Eigenheit", wie die mystische Tradition sagen würde, dem Mann Mose wird all dies genommen und verwandelt. Ein „Mann Gottes" soll geboren werden. Und der Schmerz für alle Zeiten liegt darin, daß zuvor der Mann Mose – und eben jedermann – sterben muß.

Die rabbinischen Erzähler haben in Legenden zum Tod des Mose ergreifend ausgemalt, wie dieser Mann mit Gott um seine Einmaligkeit kämpft und nicht sterben will. Auch den anderen will er das Leben nicht vorenthalten. So gibt Mose dem Volk das Wichtigste für alle Zukunft: den Segen. Das zugewandte

Angesicht Gottes spricht er den Stämmen Israels zu, – in ganz verschiedenen Brechungen und Akzenten.

Segen ist mehr als gute Wünsche in eine ungedeckte Zukunft hinein. Segen knüpft immer an etwas an, das schon geschehen ist. Spricht eine Wahrheit zu, die bereits in Kraft steht. Ein letztes Mal hören wir aus dem Mund des Mose, wer Gott der Herr ist. Nicht das, wohin die Menschen mit ihren eigenen Sehnsüchten kommen. Solche vom Menschen ausgehende Suchbewegung endet, wie gesagt, bei einer Art „Goldenem Kalb". Vielmehr kommt Gott aus eigenem Erbarmen auf seine Menschheit zu: „Der Herr ist vom Sinai gekommen und ist ihnen aufgeleuchtet vom Gebirge Seïr her" (Deuteronomium 33,2).

Noch einmal leuchtet in diesen Worten Moses jener überweltliche und überwältigende Glanz der Offenbarung am Sinai auf, – damit in alle Zukunft Gottes Wort und nichts anderes die Leuchte sein möge und das Licht auf dem Wege des Volkes Israel. Gekommen, aufgeleuchtet, erschienen, mit seinem Volk durch die Wüste gezogen ist der Gott Israels. In seiner rechten Hand ein „feuriges Gesetz" für sie. Am Ende der oft endlosen und ermüdend zu lesenden Gesetzespassagen in den altestamentlichen Büchern Mose's nun dies großartige Bildwort: Es geht nicht um etwas Trockenes und Ödes. „Gesetz", wie Mose es erfuhr und weitergab, ist die dem Menschen zugewandte Energie Gottes, sein brennender Wille, seine liebende Begeisterung. Wie zur Antwort macht es sich Luft im staunenden Ruf: „Wie hat er sein Volk so lieb! Alle Heiligen sind in deiner Hand. Sie werden sich setzen zu deinen Füßen und werden lernen von deinen

Worten" (Deuteronium 33,3 in der Luther-Übersetzung).

Das Gesetz nicht als quälender Normenkatalog, sondern als gestaltgewordene Liebe Gottes, als Weg zum Leben und darin bleibend „heilig, gerecht und gut", wie Paulus sagt (Römer 7,12). Und – ist es Ideal und Wunschbild für alle Zukunft? Wie Schüler werden sie zu Gottes Füßen sitzen und wißbegierig lernen von seinem Wort. An der glühenden Liebe Gottes macht Mose fest, was er jetzt im einzelnen als Segenswunsch und Verheißungswort über die zwölf Stämme Israels sagen wird. Diese Segensworte sprechen in den Namen der zwölf Söhne Jakobs nicht nur Eigenarten, gar Absonderlichkeiten der einzelnen Stämme an, von denen wir heute gar nichts mehr wissen können. In ihrer Summe sprechen diese letzten Worte des Mose auch aus, was alles zu einem gelingenden Leben auf dieser Erde gehört.

Ruben *soll leben, er sterbe nicht aus – doch habe er wenig Männer.*

Und dies sagte er für Juda: *Höre, Herr, die Stimme Judas, führ ihn heim zu seinem Volk. Mit eigenen Händen kämpfe er dafür – sei du ihm Hilfe gegen seine Feinde.*

Für Levi *sagte er: Levi hat deine Tummim erhalten, deine Urim dein treuer Gefolgsmann, (den du in Massa auf die Probe stelltest, mit dem du strittest am Wasser von Meriba; der von seinem Vater und seiner Mutter sagte: Ich habe beide nie gesehen!, und der seine Brüder nicht erkannte und von seinen Kindern nichts wissen wollte. Denn die Leviten haben auf dein*

Wort geachtet – nun wachen sie über deinen Bund. Sie lehren Jakob deine Rechtsvorschriften, Israel deine Weisung. Sie legen Weihrauch auf, damit du ihn riechst, legen das Ganzopfer auf deinen Altar. Segne, Herr, Levis Besitz. Freu dich am Werk seiner Hände! Zerschlag seinen Feinden die Hüften, seinen Hassern, so daß sie sich nicht mehr erheben.

Für Benjamin *sagte er: In Sicherheit wohne der Liebling des Herrn. Täglich wacht über ihn der Höchste, und zwischen seinen Schultern wohne er.*

Und für Josef *sagte er: Sein Land sei vom Himmel gesegnet mit Köstlichem des Himmels, mit Tau, mit Grundwasser, das in der Tiefe lagert, mit Köstlichem aus den Erzeugnissen der Sonne, mit Köstlichem aus dem, was jeden Monat sprießt, mit dem Besten uralter Berge, mit Köstlichem ewiger Hügel, mit Köstlichem des Landes und seiner Bewohner, und (über ihn komme) die Gnade dessen, der im Dornbusch wohnt. Das komme über Josefs Haupt, auf den Scheitel des Geweihten aus seiner Brüder Schar. Der Erstling seines Stiers – wie herrlich ist er! Seine Hörner sind Büffelhörner. Mit ihnen stoße er die Völker alle zusammen nieder, die Enden der Welt. Das sind die Zehntausende aus* Efraim, *das sind die Tausende aus* Manasse.

Und für Sebulon *sagte er: Lache, Sebulon, wenn du in See stichst, und du, Issachar, in deinen Zelten! Sie werden Völker zum Berge rufen, dort werden sie gültige Opfer schlachten. Denn sie nähren sich vom Überfluß der Meere, von Schätzen, die im Sand verborgen sind.*

Und für Gad *sagte er: Gepriesen sei der, der Gad Raum schafft. Gad lauert wie ein Löwe, Arm und Kopf reißt er ab. Das erste Stück hat er sich ausgesucht, denn wo der Anteil des Anführers war, da versammelten sich die Häupter des Volkes. Er tat, was vor dem Herrn recht ist, (hielt sich) gemeinsam mit Israel (an) seine Rechtsvorschriften.*

Und für **Dan** *sagte er: Dan ist ein junger Löwe, der aus dem Baschan hervorspringt.*

Und für **Naftali** *sagte er: Naftali, gesättigt mit Gnade, gefüllt mit dem Segen des Herrn – See und Süden nimm in Besitz!*

Und für **Ascher** *sagte er: Mehr als die (anderen) Söhne sei Ascher gesegnet, bei seinen Brüdern sei er beliebt, er bade seinen Fuß in Öl. Deine Riegel seien von Eisen und Bronze. Hab Frieden, solange du lebst! (Deuteronomium 33, 6–25).*

Leben und Wachsen, kein unbegrenztes Wachstum, aber für alle Zukunft – *Ruben* zugesprochen.

Schutz in der Gemeinschaft und Sicherheit vor Feinden – für *Juda*.

Entscheidungsvermögen fürs Gute: Die göttlichen Losorakel „Urim und Tummim" als Sinnbild für die Fähigkeit, weise Entschlüsse herbeizuführen. Entscheidung für den einen Weg zum Leben: Menschen können sich von den Banden der Familie lösen zugunsten der Bindung an Gott – so der Segen über *Levi*. Fast ist hier schon Jesus zu hören: „Wenn jemand zu mir kommt und haßt nicht seinen Vater, Mutter, Frau, Kinder, Brüder, Schwestern und dazu sich selbst, der kann nicht mein Jünger sein" (Lukas 14, 26). Und unüberhörbar auch die Anspielungen auf Mose selbst, den Sohn eines Mannes und einer Frau aus dem Stamm Levi (Exodus 2,1): Er ist ja vor allen anderen unter der Belastungsprobe des „Wassers von Meriba" (Numeri 20,13) beinahe zerbrochen.

Benjamin verkörpert das Wohnen im Strom göttlicher Liebe.

Josef in seinen beiden Söhnen *Ephraim* und *Manasse* stellt den Segen von Fruchtbarkeit und Reichtum dar, der sich jenem Wüstengott, der im Dornbusch wohnt, verdankt – und nicht dem Wohlfahrtsgott Baal. Gerade der „Geweihte unter den Brüdern" soll nicht untergehen in purer Wohlfahrtsreligion. Der Dornbusch steht ihm und allen, die sich jenes „Ich werde sein, der ich sein werde" sagen lassen, als Erinnerungsmal dafür: Mit diesem Gott bleibt die Zukunft heilsam offen und wird nicht berechenbar oder zum Ergebnis religiöser oder technischer Beschwörung.

Daß ein Mensch sein Glück machen will, dafür stehen *Sebulon* und *Issachar*. Schätze gibt es zu heben im Meer und in der Erde.

Ein Mensch braucht weiten Raum zum Durchatmen. Ohne Freiheit kein Leben. Doch jede Freiheit bedarf der Wurzeln: Das sind hier die versammelten „Häupter des Volkes" (Deuteronomium 33,21). Auch Mose wird dazugehören. Nach jüdischer Überlieferung liegt sein unbekanntes Grab im Stammesgebiet von *Gad*.

Königliche Kraft, fruchtbare Ländereien, „große Städte, reiche Klöster" und Frieden bis ins hohe und dennoch kraftvolle Alter, dies rundet in den Gestalten von *Dan*, *Naftali* und *Ascher* die Reihe der Segenswünsche ab.

Erfülltes, ja geradezu pralles Leben ist im Blick. Und das gönnt, wünscht und erbittet Mose als Segen für sein Volk. Eine Zukunft erbittet er, die er selbst so nicht erleben wird. Das gehört mit zum Loslassen und das Zeitliche Segnen, – jener heiligen Kunst des Alters.

Keiner ist wie der Gott Jeschuruns, der in den Himmel steigt, um dir zu helfen, auf die Wolken in seiner Hoheit. Eine Wohnung ist der Gott der Urzeit, von unten (tragen sie) die Arme des Ewigen. Er trieb den Feind vor dir her, er sagte (zu dir): Vernichte! So siedelte Israel sich sicher an, die Quelle Jakobs für sich allein, in einem Land voller Korn und Wein, dessen Himmel Tau träufeln läßt.

Wie glücklich bist du, Israel! Wer ist dir gleich, du Volk, gerettet durch den Herrn, den Schild, der dir hilft, deine Hoheit, wenn das Schwert kommt? Deine Feinde werden sich vor dir erniedrigen, und du setzt deinen Fuß auf ihre Nacken (Deuteronomium 33, 26–29).

„Zurück zu Gott", so heißt nicht nur die Wendung dieses Segensliedes, das nach den Lebens-Mitteln nun wieder Gott, das Leben selbst, preist. „Zurück zu Gott" ist die Parole, die Lebensbewegung, die überhaupt nur Zukunft zu eröffnen vermag. „Zuflucht ist bei dem alten Gott und unter den ewigen Armen" (Deuteronomium 33, 27 nach Luther). Ein Wort zum Leben – und zum Sterben. Nicht nur für Mose, der so oft fliehen mußte: vor dem Tötungsbefehl des Pharao – ins Schilfkörbchen; vor den Folgen seines Totschlagsdelikts – in die Wüste; fliehen mußte er vor dem Zorn des Pharao bei den ägyptischen Plagen (Exodus 10,28); vor den Soldaten dann am Schilfmeer galt es, im Flüchten standzuhalten.

Ist denn das ganze Leben nichts als eine große Flucht? Vor seinem eigenen wütenden Volk mußte Mose fliehen oft und oft, hin zu Gottes Zelt. Zuflucht – bei dem alten Gott. Unter seinen ewigen Armen ist unserem flüchtigen Menschenleben Schutz verheißen und die einzig beständige Bleibe.

18

Unvollendet leben

Deuteronomium / 5 Mose 34, 1–12

Mose stieg aus den Steppen von Moab hinauf auf den Nebo, den Gipfel des Pisga gegenüber Jericho, und der Herr zeigte ihm das ganze Land. Er zeigte ihm Gilead bis nach Dan hin, ganz Naftali, das Gebiet von Efraim und Manasse, ganz Juda bis zum Mittelmeer, den Negeb und die Jordangegend, den Talgraben von Jericho, der Palmenstadt, bis Zoar.

Der Herr sagte zu ihm: Das ist das Land, das ich Abraham, Isaak und Jakob versprochen habe mit dem Schwur: Deinen Nachkommen werde ich es geben. Ich habe es dich mit deinen Augen schauen lassen. Hinüberziehen wirst du nicht.

Danach starb Mose, der Knecht des Herrn, dort in Moab, wie es der Herr bestimmt hatte. Man begrub ihn im Tal, in Moab, gegenüber Bet-Pegor. Bis heute kennt niemand sein Grab. Mose war hundertzwanzig Jahre alt, als er starb. Sein Auge war noch nicht getrübt, seine Frische war noch nicht geschwunden. Die Israeliten beweinten Mose dreißig Tage lang in den Steppen von Moab. Danach war die Zeit des Weinens und der Klage um Mose beendet. Josua, der Sohn Nuns, war vom Geist der Weisheit erfüllt, denn Mose hatte ihm

die Hände aufgelegt. Die Israeliten hörten auf ihn und taten, was der Herr dem Mose aufgetragen hatte.
Niemals wieder ist in Israel ein Prophet wie Mose aufgetreten. Ihn hat der Herr Auge in Auge berufen. Keiner ist ihm vergleichbar, wegen all der Zeichen und Wunder, die er in Ägypten im Auftrag des Herrn am Pharao, an seinem ganzen Hof und an seinem ganzen Land getan hat, wegen all der Beweise seiner starken Hand und wegen all der furchterregenden und großen Taten, die Mose vor den Augen von ganz Israel vollbracht hat.

Wieder ein Höhepunkt, ein Berg – der Nebo. So, als sei neben dem Sinai, dem absolut verpflichtenden und formenden Höhepunkt in Mose's Leben, nun auch noch sein Sterben ein letzter Höhepunkt. Sicher, es geht um die Aussichtsmöglichkeit, um den Überblick über das ganze verheißene Land. Mose darf es schauen. Von Norden nach Süden, vom Jordantal bis zum Mittelmeer, aber er darf dieses Land nicht betreten. Vor dem Ziel haltmachen zu müssen ist bitter. Doch zugleich ist diese letzte Gipfelerfahrung ein Bild der Gnade. Am Ende eines Lebenswegs nach vierzigjähriger Wüstenwanderung zu sehen: Es war trotz aller Zwischenfälle kein Irrweg, – das ist Gnade. Alle Entbehrung, aller Mut, alle Angst und alle Treue zu Gott, die Mose oftmals stellvertretend für sein Volk durchgehalten hat: Es war nicht vergeblich. Das Ziel ist auch ihm vor Augen, das Gott schon den Urvätern Abraham, Isaak und Jakob verheißen hat. Mose darf zum Schluß in dem zu seinen Füßen liegenden Land die Treue Gottes sinnfällig sehen. Er darf schauen, was er geglaubt hat. Aber es geht nicht allein um das, was die Augen des Leibes wahrnehmen.

Man hätte den Tod des Mose ja auch schildern können wie bei einem Menschen, der alt und lebenssatt stirbt. So vielleicht wie bei Jakob: Der segnet in Ruhe seine Söhne. Dann zieht er die Füße aufs Bett zurück, bezieht sich nur noch auf sich selbst und stirbt. Denn er ist mit allem fertig und kann gehen (Genesis 49,29–33).

An Mose dagegen wird etwas anderes deutlich: die grundsätzliche Unabschließbarkeit des Menschenlebens. Hundertzwanzig Jahre ist er alt. Wahrhaftig, lange genug gelebt, sagt der Verstand. Aber das Menschenherz sagt: Bevor ich sterbe, muß ich noch dies und das erlebt haben, muß meinen Lebensdurst stillen, – und vor allem muß ich meine Angelegenheiten ordnen, eine unerledigte Aufgabe vielleicht noch abschließen, einen Fehler wiedergutmachen, eine Schuld bereinigen.

Wenn es dem Lebensende zugeht, dann wird oft schmerzhaft bewußt: Ein Lebenshaus gleicht eher einer unaufgeräumten Wohnstube oder einer Rumpelkammer. Wer kann jemals das Haus seines Lebens wohlgeordnet Gott übergeben? Das Unerledigte beginnt gegen Ende immer lauter und auffälliger zu werden. So ist es ja selbst vor dem Start in eine längere Urlaubsreise. Feine Ohren hören dieses unerledigte Rumoren auch in den anscheinend „verwirrten" Gesprächen und Selbstgesprächen alter Menschen.

Abschließen also sollen wir Menschen unser Leben – und können es doch nicht. Für diese Wahrheit steht mir Mose, der am Ende noch etwas ganz Neues zu sehen bekommt: ein neues Land. „Alles Ende ist ein Anfang, alle Nacht ein Morgengrauen." Wie soll auch etwas abzuschließen und aufzuräumen sein, was von Anfang an auf Ewigkeit hin geschaffen ist? Der Tod bleibt allemal ein Ab*brechen*, nicht ein Ab*schließen*. Er führt unweigerlich zum Erschrecken über all das, was in einem fast zu Ende gelebten Leben nicht mehr zu ändern ist. Aber jedes Leben zielt über sich selbst und damit auch noch über die erschreckende Erfahrung hinaus, daß kein Mensch je fertig werden kann zu leben.

So starb Mose, der Knecht des Herrn, *vor* der Grenze des verheißenen Landes, – und starb doch nicht aussichtslos. „Nach dem Wort des Herrn" (Deuteronomium 34,5 in der Luther-Übersetzung) starb er, ist nicht nach einem biologisch bestimmten und doch zufälligen Gesetz nur eben erloschen oder gar mit dem Tode bestraft worden, wie eine bestimmte – auch biblische – Tradition wissen will. Jenes Wort, das in Ewigkeit bleibt, hält auch noch das Sterben des Mose umfangen.

Rabbinische Erzählungen verteidigen so etwas wie fast ein Recht darauf, daß dieses so besondere Leben des Mose auf keinen Fall abgeschlossen werden müsse und könne. Selbst die Erzengel verweigern den Befehl Gottes, ihm die Seele Mose's zu bringen. Es braucht wortreich ausgemalte Bitten und Streitgespräche zwischen Mose und Gott, bis Mose nach der göttlichen

Zusicherung „Ich gehe vor dir her" wenigstens halbherzig einwilligen kann in seinen letzten Weg. Die Legende läßt den Erzengel Gabriel Mose's Lager zurecht machen, Michael ein purpurfarbenes Gewand darüberbreiten. Der Erzengel Zagzagel, einstmals der himmlische Lehrer des Knaben Mose, legt ein weißes Kissen ans Kopfende des Sterbelagers, – und dieses Kopfende ist jener Stein, auf dem das Haupt Jakobs bei seinem erlösenden Traum von der Himmelsleiter geruht hatte. Dann stellen sich die drei Engel um das Ruhebett – eine himmlische Sterbebegleitung.

Wie erzählt wird, leitet jetzt nur noch das Wort des Ewigen die letzten Lebenszüge des Mannes Gottes. Der Heilige sprach zu Mose: ‚Strecke deine Füße aus.' Und er gehorchte. ‚Lege deine beiden Hände übereinander.' Er tat es und legte sie auf die Brust. ‚Schließe deine beiden Augen.' Mose tat so. Der Heilige rief nun Mose's Seele mit den Worten: ‚Meine Tochter, hundertzwanzig Jahre hatte ich dir bestimmt, in dem Körper dieses Gerechten zu verweilen. Jetzt zögere nicht, meine Tochter.' Die Seele erwiderte: ‚Herr der Welt, in deiner Hand ist alles Lebendige. Du hast mich geschaffen und mich in den Körper dieses Gerechten gesetzt. Laß mich an meinem Ort.' So bat sie mehrmals. Doch unversehens ging ein Windhauch über Mose, und auf seinen Lippen schwebte der Kuß des Herrn. Mit einem Kuß nahm Gott die Seele Mose's zu sich, daß sie bei ihm ruhe. – Denn Deuteronomium 34,5 kann wörtlich genommen auch heißen: „Und es starb daselbst Mose, der Knecht des Ewigen, am Munde des Ewigen."

Der Mund, die Stimme, das Wort hatte Mose gerufen aus dem Dornbusch, hieß ihn Wege gehen, die er von sich aus nicht gegangen wäre. Schwere Lebenswege, Wege des Versagens, der Schuld auch, Durst, Überforderung – kann Gott das von einem Menschen verlangen, was er dem Mose alles zugemutet und zugetraut hat? Darf Gott das, oder wird er darüber zum Leuteschinder, zum Teufel gar? Mose in seiner Hand, seinem Griff ausgeliefert? Dieser Zugriff Gottes hat ihn fast zerbrochen.

Noch ein letztes Mal greift Gott nach Mose und zeigt, wie alles gemeint war. „Und er (der HERR) begrub ihn ihm Tal. Und niemand hat sein Grab erfahren bis auf den heutigen Tag" (Deuteronomium 34, 6 nach Luther; so auch andere Übersetzungen). Gott selbst tut an seinem Knecht dieses letzte Werk der Barmherzigkeit. Von keinem Menschen der Bibel wird so etwas jemals noch erzählt, auch nicht von Jesus. Gott entläßt seinen Knecht Mose nicht wie den Mohren, der seine Schuldigkeit getan hat und jetzt gehen kann. Er muß und will ihn vielmehr anfassen, den Leichnam, eine allerletzte bergende Zärtlichkeit fast. Gott selbst begräbt seinen Knecht, den er lebenslang zum „Mann Gottes" gehämmert und verwandelt hat. Sein Grab weiß nur der Ewige allein, denn Mose gehört ganz zu ihm. Reliquienkult, Heiligenverehrung, eben daß Menschen das Andenken Verstorbener für ihre eigenen Zwecke gebrauchen, – all dies soll mit Mose nicht geschehen können. Ein Bilderverbot schützt auch das Wesen von Menschen, noch über den Tod hinaus.

Wiederum einen ganzen Monat trauert Israel, wie bei Mirjam und Aaron. Dann geht das Leben weiter. Auch auf Josua liegt der Geist der Weisheit. Mose hatte unter Handauflegung seinen Nachfolger bevollmächtigt. Aber Mose wird in der Bibel auf einzigartige Weise gewürdigt. Kein weiterer Prophet trat in Israel auf, den der Herr von Angesicht zu Angesicht erkannt hätte. Dieses Leben war einmalig. Jeder Lebenslauf ist einmalig.

Eine einmalige Wegstrecke zwischen der Stimme aus dem Dornbusch und dem erlösenden Kuß.

Wichtige Hinweise und Hintergrundinformationen verdanke ich zwei neueren Büchern:

Ina Willi-Plein, Das Buch vom Auszug – 2. Mose. Kleine biblische Bibliothek, Neukirchen-Vluyn 1988.

Erich Zenger, Der Gott der Bibel – Sachbuch zu den Anfängen des alttestamentlichen Gottesglaubens, Stuttgart 1992.

Das Neue religiöse Buch

Marsha Sinetar
Die Sehnsucht, ganz zu sein
Menschen, die das neue Leben mit Gott suchen
260 Seiten, Paperback. ISBN 3-451-22402-X

Dieses Buch erzählt von ganz gewöhnlichen Menschen, vom Geheimnis ihrer Anziehungs- und Ausstrahlungskraft. Es sind Menschen wie du und ich, und doch wohltuend anders: Sie lehren uns die Kunst, reifer, großzügiger und glücklicher zu leben. „Ich wünsche allen Lesern viel Inspiration, Mut und Energie, den hier aufgezeichneten Weg möglichst weit zu gehen. Er führt in eine immer größere Weite und Freiheit, in der unser Handeln unserem Denken entspricht. Dann sind wir ganz"
(Bernhardin Schellenberger).

Stanislaus Klemm
Ich kann dich gut verstehen
Lob des einfühlsamen Gesprächs
80 Seiten mit 6 Farbtafeln, gebunden. ISBN 3-451-22401-1

Mit einigen ebenso einfachen wie elementaren Verhaltensweisen zeigt Stanislaus Klemm, was man tun oder vermeiden kann, damit sich Menschen nach einem Gespräch ein kleines Stück gestärkt, angenommen und geschützt fühlen. Ein außerordentlich anregendes Buch, das Beziehung schafft und Gespräche zur tiefen Erfahrung der Begegnung werden läßt. Meditationen für alle, die ihre Mitmenschen und Partner besser verstehen und einfühlsamer mit ihnen umgehen möchten.

Verlag Herder Freiburg · Basel · Wien

Das Neue religiöse Buch

Eknath Easwaran bei Herder:

Der Ruf des Universums
Neue Sensibilität für das Leben
180 Seiten, Paperback. ISBN 3-451-22601-4

Eknath Easwaran leiht dem Ruf des Universums seine Stimme und schärft die Sinne für eine neue Sensibilität gegenüber dem Leben und der Schöpfung. Dabei entlarvt er die sozialen Sünden, die Welt und Menschheit bedrohen. Entschieden plädiert Easwaran für ein neues Bewußtsein und weckt Phantasie für die Erde und das Leben. Ein packendes, erfrischend positives Buch.

So öffnet sich das Leben
Acht Schritte der Meditation
220 Seiten, Paperback. ISBN 3-451-22323-6

Durch Meditation zu mehr Lebensqualität. Ein praktisches Meditationstrainingsprogramm für Leute von heute. Der Weg zu einem neuen Leben: zu Stille statt Streß, zur Kraft der Konzentration, zur Harmonie mit Gott und allem Lebendigen.
So urteilte Henri J. Nouwen: „Dieses Buch hat mir sehr geholfen."

Verlag Herder Freiburg · Basel · Wien